Elises

Das ursprüngliche Leben

André Nama'Him Meyr

- Folge den Spuren der Liebe -

www.Lentos-Verlag.com

1. Auflage 2021
ISBN 978-3-946088-19-6

Homepage des Autors:
www.celeson.com

Weitere Bücher von André Nama'Him:

Laotse´s Live Ticker - Die 3. Zeit hat begonnen
Ch. Falk Verlag / store.celeson.com

Elise - Funke des Erwachens
Lentos Verlag, ISBN 978-3-946088-07-3

Inhalt

Vorwort

Liebe Leserin, lieber Leser.

Es ist mir eine Ehre, dich begrüßen zu dürfen und eine Freude sowieso. Dies mag sich daraus ergeben, weil du das Beste bist, was dieser Planet trägt, und dass ich weiß, dass du so viel mehr bist als nur Mensch. Und dafür wirst du so sehr geliebt, mit jedem Herzschlag, mit jedem Atemzug.

Es gibt nichts, was mehr innere Ruhe und Frieden in sich trägt, als diese Gewissheit. Vielleicht ist es mir ja möglich, dir mit diesem Büchlein diese Sehnsucht und Hoffnung, die jeder Mensch in sich trägt, ein Stück weit näher zu bringen, so dass sie sich in Vertrauen verwandelt und letztlich in Gewissheit.

Dieses Büchlein kommt zu einer Zeit zu dir, die herausfordernder nicht sein könnte, für jeden persönlich als auch für die ganze Menschenfamilie. Seit dem Erscheinen des ersten Elisebüchleins „ELISE – Funke des Erwachens", habe ich lange gewartet um den rechten Zeitpunkt für dieses hier zu finden. Meistens ist es gut den Jetzt-Moment zu nutzen, wenn eine Inspiration zu einem kommt, nicht zu lange auf irgendwas zu warten, bis man es umsetzt. Denn dabei kann es passieren, dass die Energiebündelung sich verflüchtigt, weil der Zeitpunkt der Manifestation übersehen wurde. Doch in diesem Fall hat es sich gelohnt zu warten, ständig beobachtend, dass sich die Energie immer noch mehr bündelt und nährt.

Anfang 2020 wurde die größte Transformation unserer planetaren Geschichte eingeläutet, und ich glaube du weißt sofort, was ich damit meine. Denn intuitiv haben das ganz viele Menschen gefühlt und im Kollektiv einen Energieimpuls ausgesendet, dass wir, die Menschen, dafür bereit sind. Es war eine Welle des Mitgefühls und die gefühlte Erkenntnis, dass sich etwas ändern muss. Dieser Impuls war so wichtig, doch es wird noch weitere brauchen, um den Wechsel der Dimensionen zu vollziehen.

Man könnte meinen, dass es einen Großteil des irdischen Volkes braucht, um dem Universum einen solchen Bereitschaftsimpuls zu senden. Vielleicht denken wir da etwas zu demokratisch. Wenn nur 1% aller Menschen diese Energie der Liebe für einen kurzen Moment in sich erzeugt und aussendet, gilt dies als ein JA. Denn die Liebe hat eine zig-tausendfach stärkere Wirkung als jede Angst oder Zweifel. Und das Universum, die geistige Welt, die Engel, das Göttliche Gedankenfeld, die Göttliche Liebe, wie immer du es nennen möchtest, erkennt Angst oder Zweifel nicht an, nur die Liebe. Wenn der von uns Menschen ausgesendete Liebesimpuls eine bestimmte Strahlkraft erreicht, eine bestimmte Schwelle überschreitet, gilt es als Zustimmung.

Das ist geschehen und das ist die frohe Botschaft, mit der ich dieses Büchlein auch beginnen möchte. Und wenn es so sein darf, wird es dich und andere Menschen in ihrem Herzensverständnis für das

Geschehen weitertragen, um den nächsten Impuls auszusenden, das nächste JA. Das JA zum ursprünglichen Leben.

Nachdem so viele tausend Menschen das erste Elisebüchlein gelesen haben, und ich so viele positive Feedbacks dazu bekommen habe, hatte ich schon etwas Bammel, den zweiten Teil zu schreiben. Denn die eine ganz große Erkenntnis, die das erste Büchlein enthält, ist kaum zu toppen. Ich glaube aber auch, dass es darum nicht geht, etwas zu toppen. Es gibt wirklich genug, quer durch alle Zeitepochen und tief aus den Seelenerinnerungen, was es sich lohnt nieder zu schreiben. Viele schreiben mich an und glauben ich hätte auf alle ihre persönlichen Fragen eine Antwort. Doch mir ist es wichtig dir und jedem Menschen zu sagen: Ich bin kein Guru, der auf alles eine Antwort hat. Ich bin das Gleiche wie du und ich erzähle eine Geschichte. Wo du dich in dieser Geschichte wiederfindest, wirst zu fühlen. Und du wirst auch fühlen, wann es an der Zeit ist, dass du deine wahre Geschichte erzählst.

Mir ist es wichtig dir zu sagen, dass du dich beim Lesen frei fühlen kannst, denn meine Intention ist es nicht, dich von irgendetwas zu überzeugen. Ich bin hier, um die Zuversicht und Liebe zu nähren. Und Gott-sei-Dank tun das viele andere bewusste Menschen auf vielfältigste Art und Weise auch. Und ich bin mir sicher, dass auch du das bereits auf deine Art tust. Ganz gewiss ist es nicht immer leicht, doch ich möchte dir sagen: Es lohnt sich. Es lohnt sich mehr als alles andere, was du je getan hast, denn das Jetzt ist der Grund, warum du hier bist. Um den Spuren der Liebe zu folgen. Wäre dem nicht so, hieltest du jetzt nicht dieses Büchlein in deinen Händen, oder legtest es bald, voller Unverständnis, beiseite.

Nun wünsche ich dir viel Freude beim Entdecken deiner wahren, multidimensionalen Natur, denn das geht am leichtesten mit Freude.

Dein André Nama'Him

*Anm.: Begriffe, die mit einem * gekennzeichnet sind, findest du am Ende des Büchleins im Glossar erläutert.*

Das mystische Tor

Manchmal zieht das Leben seltsame Bahnen und meist ist auf den ersten Blick nicht gleich ersichtlich, was der Sinn dahinter ist. Und das ist gut so. Jemand hat mal gesagt: *„Viele Antworten erhältst du auf dem Weg und alle restlichen am Ende des Weges."* Stelle dir einmal vor, du wüsstest beim ersten Schritt bereits, wie der letzte, abschließende, vollendende Schritt aussieht. Wärest du dann nicht geneigt, diesen vorziehen zu wollen? Könntest du dann wirklich im Jetzt-Moment jeden einzelnen wichtigen Schritt in voller Hingabe tun? Es ist diese Mystik der Raum-Zeit-Zyklen, die nur erfahren werden kann, wenn jeder Schritt so getan wird, als wäre er der einzige und letzte.

Wissen alleine reicht bei Weitem nicht aus – Erfahrung bedeutet Fühlen. Entwicklung bedeutet Fühlen. Erwachen bedeutet Fühlen. Und tief fühlen kannst du nur, wenn du nicht weißt was kommt. Manchmal sucht einen der Zweifel, der Selbstzweifel, oder beides heim und das ist in Ordnung so. Klar ist es nicht der Zweifel, der dich unmittelbar weiterbringt, sondern das Vertrauen. Doch andererseits stärkt jeder Zweifel den du überwindest dein Vertrauen. Die Gewissheit tritt erst dann ein, wenn das Vertrauen so stark ist, dass es keinen Zweifel mehr zulässt. Niemand erwartet von uns zu diesem Zeitpunkt, dass wir Träger der Gewissheit sind. Vielmehr ist es das Nähren des Vertrauens, das jetzt auf unserem Planeten gebraucht wird. All das sind Entwicklungsprozesse, die nicht einfach übersprungen werden können. Nicht von einzelnen und auch nicht von uns als Menschenfamilie.

Somit baut alles aufeinander auf und entwickelt sich Schritt für Schritt. Das ist eine energetische Gesetzmäßigkeit. Doch was wir in der Hand haben ist, wie schnell es sich entwickeln darf. Um noch mal den Begriff Raum-Zeit-Zyklus zu betrachten: Solange wir uns in einem Raum bewegen, durchschreiten wir diesen Schritt für Schritt. Du gehst also von A nach B Schritt für Schritt, da kannst du nicht aus. Doch wie schnell du deine Schritte setzt, liegt bei dir – in deinem eigenen Tempo, in deiner Geschwindigkeit. Dein Tempo ergibt sich aus verschiedenen Faktoren. Um das klarer zu machen, lass mich eine Metapher verwenden.

Du gehst auf einen Berg und du liest am Beginn des Wanderweges ein Schild, dort steht: Liebesalm, Gehzeit 2,5 Stunden. Das steht halt da, als Richtwert. Doch was sagt es darüber aus, wie lange du dafür brauchen wirst? Du gehst also los voller Zuversicht, weil du deine körperliche Verfassung so einschätzt, dass du diese Alm erreichen wirst. Am Anfang kommt ein flaches Stück, und du kommst leichtfüßig voran. Ein anderer Wanderer, der kurz vor dir losgegangen ist, hat umgedreht und kommt dir entgegen. Er hat seine Wasserflasche vergessen... Dann kommt ein etwas steileres Stück und du hast etwas Mühe, aber es geht. Am Wegesrand auf einem Baumstamm sitzt eine junge Frau, sie rastet. Komisch, denkst du dir noch, von wegen die müsste doch, wie sie aussieht, viel fitter sein als du? Du grüßt sie freundlich und gehst weiter in deinem Tempo, bis du fast am Ende des steilen Stückes angekommen bist. Da überholen dich plötzlich der Wanderer und die Rastende von vorher, locker plaudernd und mit großen Schritten. Du fühlst, es ist Zeit für eine Pause, irgendwas schwächt dich grade. Du schaust den beiden nach und kommst zu dem Schluss, dass die junge Frau nicht rastete, sondern auf ihren Partner wartete, der noch schnell die Wasserflasche holen ging.

Nach deiner Pause gehst du weiter und es kommt ein waldiges, flaches Stück Weg. Du siehst den Wandersmann am Wege stehen und er hat sich seinen Schuh ausgezogen. Oh – der wird sich doch nicht weh getan haben? Als du auf seiner Höhe bist bemerkst du, dass seine Partnerin etwas in den Wald gegangen ist, um scheinbar nach Pilzen Ausschau zu halten. Der Wanderer hatte nur einen Stein im Schuh – mehr nicht. Dir kommt die Erkenntnis, dass die Dinge oft nicht so sind, wie sie scheinen.

Du ziehst an den beiden vorbei und bist durch das viele drüber nachdenken wie es anderen ergehen mag, vom einen zum nächsten gekommen und in einen Strom von Überlegungen und Alltagsgedanken geraten, ins Grübeln über dies und das. Dein Blick ist auf den Boden vor dir geheftet und es ist grad schade, dass du den wunderschönen Kreis von Fliegenpilzen unter der Tanne nicht siehst, wo du dich doch so mit den Naturgeistern und der Mystik des Waldes verbunden fühlst. Doch du bekommst es gar nicht mit und so kannst du auch nicht traurig drüber sein, das verpasst zu haben.

Du spürst es schon seit einer Viertelstunde in der Wade brennen – aber jetzt ist es ein Krampf. Du setzt dich hin, dehnst nach hier und nach da, doch so richtig mag es nicht helfen. Dabei fällt dir auf, dass dir der untere Rücken auch weh tut und du denkst wieder an die Prognose deines Arztes, der dich vor Jahren eindringlich vor einer Arthrose gewarnt hat. Obwohl du es besser weißt, magst du grad gar nicht zum Himmel aufschauen, weil du befürchtest er könnte grau sein und es könnte zu regnen beginnen.

Mit einem Liedchen auf den Lippen kommt ein älterer Herr auf dich zu, dem du bisher noch nicht begegnet warst. Er macht den Eindruck, als wisse er genau wo er hinwill, aber als hätte er es nicht eilig. Er erkundigt sich nach deinem Befinden, gibt dir etwas Magnesium und dehnt dir fachmännisch den Krampf aus dem Wadl. Doch viel wichtiger als das: er zeigt zum strahlend blauen Himmel und befindet, das sei ein wunderschöner Tag heute. Bevor er weiter geht sagt er noch, dass es auch graue Tage gibt, auch bei ihm, doch dass hinter den Wolken die Sonne immer scheint, und dass er dafür jeden Tag dankbar ist. Du schaust nach oben und bist beglückt von dieser einfachen Wahrheit. Ob sie wohl alleine schon ausgereicht hätte, um die Sorgen und den Krampf zu verscheuchen?

Zum zweiten Mal nun zieht das Wander-Raster Pärchen an dir vorbei, sie scheinen sich ein wenig in die Haare bekommen zu haben, wer für was wie lange braucht oder wer auf wen immer warten muss, und dass sie längst schon oben sein sollten.

Mit einem Mal wird dir etwas im Herzen bewusst – und du fühlst dich so frei wie noch nie. Du fühlst die Liebe zu dir, zu deiner Konstitution, deinen Fähigkeiten, zu deinem Tempo, jeden Schritt auf deine Art zu tun. Du fühlst dich angekommen auf der Liebesalm, wo doch nur 1,5 Stunden vergangen sind. Wie kann das sein? Egal, du bist zuhause. Vergnügt und achtsam trägst du deinen Körper noch vom Berg hinab, zum Parkplatz, ins Auto, fährst auch ihn nach Hause und legst ihn auf die Couch. Glücklich döst du ein und als du erwachst, fragst du dich, ob du das alles nur geträumt hast.

Wo diese Metapher endet, beginnt es interessant zu werden. Ab einem gewissen Punkt führt uns der Weg an die mystische Grenze des Bewusstseins, die dauerhaft nur durch das Tor der Selbstliebe und des Vertrauens überschritten werden kann. In der Metapher hast du, bildlich gesprochen, deinen Kopf für ein paar Momente hindurch gesteckt, wie durch einen Vorhang, und dann hat der Verstand durch das Hinterfragen, also durch den Zweifel, den Schleier wieder zugezogen.

Alles ist im Jetzt und alle Zeit vorhanden, wie die Sonne, die über den Wolken strahlt und doch ist es aus der menschlichen Perspektive öfters mal bewölkt. Es ist der erste Schritt zu wissen, dass die Sonne immer scheint – doch was hilft es das zu wissen, wenn du es nicht fühlen kannst? Wenn es dich nicht von innen heraus erwärmt?

Die Sonne im Innen und die Sonne im Außen sind durch die Mystik miteinander verbunden. Goethe hat es so gesagt:

> *Wär nicht das Auge sonnenhaft,*
> *die Sonne könnt es nie erblicken.*
> *Läg nicht in uns des Gottes eigne Kraft,*
> *wie könnt uns Göttliches entzücken?*

Damit hat er es auf den Punkt gebracht, während ich eine lange Geschichte dazu erzählt habe. Doch war die lange Metapher deswegen ein unnötiger Umweg? Im Nachhinein betrachtet ja. Doch zum Zeitpunkt der Metapher nicht. Ich versuche es auch noch auf den Punkt zu bringen: Wärest du nicht die Liebe selbst, wie könntest du sie je fühlen?

Es gibt so viele tiefe Weisheiten und hochspirituelle Wahrheiten, die irgendwann einmal ein großer Philosoph oder ein erwachter Mensch niedergeschrieben hat. Doch das bedeutet nicht, dass andere Menschen es begreifen. Es kann oftmals sogar missverstanden werden. Ich möchte noch jemanden zitieren, den Weltenlehrer Toth, auch bekannt als Hermes Trismegistos:

„Die Wahrheit klingt in den Ohren des Narren wie Narredei."

Und über diese vermeintliche Narredei machen sich viele Menschen lustig, bezeichnen sie als abgehoben, Spinnerei, Träumerei, Weltfremdheit.

Doch auch das ist Mystik. Die Mystische Energie ist somit auch eine Barriere, die es dem unbewussten Geist nicht erlaubt sie zu überschreiten, um die Welten, die dahinter liegen zu schützen, oder auch den Menschen, der dafür noch nicht bereit ist, zu schützen. In der Zeitepoche Avalon, die eine sehr mystische war, waren dies die sogenannten Nebel von Avalon. Zu den Zeitepochen kommen wir in einem anderen Kapitel noch.

Vor vielen Jahren bin ich einmal durch einen überschaubaren Waldstreifen von etwa 10 Metern Breite, am Rande einer Wiese gelaufen, auf der Suche nach Pilzen. Da war kein einziger. Beim Zurückgehen habe ich meine Schuhe ausgezogen, habe mit den Naturgeistern geredet und sie gebeten, man möge mir doch wenigstens einen gönnen und meinen Blick dafür schärfen. Das war eines meiner eindrücklichsten mystischen Erlebnisse, die mir mein Menschenverstand nicht erklären konnte. Auf genau demselben Pfad habe ich so viele gefunden, dass ich sie gar nicht alle mitnehmen konnte. Überall waren Maronenröhrlinge, meine Lieblingspilze.

Zum damaligen Zeitpunkt vertraute ich bereits sehr darauf, dass es das Volk der Naturgeister, der Feen der Elfen, Zwerge usw. gibt. So viel hatte ich schon darüber gehört und ich fühlte es einfach. Doch war mir das Erscheinen der Pilze an jenem Tag mehr als Beweis genug. Wären mir die Naturwesen, die um mich herum waren, sichtbar geworden, wäre ich damals vermutlich schreiend weggelaufen. Und sie wären bestimmt auch so erschrocken, dass auch sie weggelaufen wären. Die Mystik bewahrt uns vor solchen Schockerlebnissen.

Darum geht es um das Vertrauen, das um so viel mehr ist als Glauben. Während der Glaube noch etwas sehr Mentales ist, ist Vertrauen eine Angelegenheit des Fühlens, der Seele. Der Glaube an etwas ist sehr einengend und führt oft zu Fanatismus und Intoleranz. Dahinter verbirgt sich der Zweifel und die Angst.

Vertrauen ist allumfassend und offen, für alles was ist und was kommt, Vertrauen ist eine hohe Qualität der Liebe. Da fällt mir noch ein Zitat ein, das der Dalai Lama gesagt haben soll:

„Vertraue auf Gott, aber schließ dein Fahrrad ab…"

Es folgt eine Erzählung, die in Echtzeit grade passiert ist. Just jetzt, in diesem Moment, kehre ich zurück an die Tastatur, nachdem ich eine Zeit lang über dieses Zitat nachgesonnen hatte und mich fragte, ob es wirklich vom Dalai Lama stammt. Da dies zu keinem Ergebnis führte, beschloss ich einen kleinen „Spaziergang" zu machen. Es ist und war in dem Sinne kein Spaziergang, sondern mein „Walk of Life" den ich möglichst täglich mache. Es ist ein recht zügiger, beschwingter und wippender Gang, bei dem die Hüfte sich gegen die Schulter bewegt, die Arme einfach hängend pendeln und der Kopf dabei leicht von einer Seite zur anderen schaukelt, Blick gerade aus. Ein klein wenig so, wie Kinder gehen - wenn sie nicht grade rennen - wenn sie glücklich sind. Ein entspanntes Lächeln sollte dabei nicht fehlen. Ich nenne es auch „Gehen, als wäre die Welt in Ordnung."

So biege ich von der Straße auf die große Wiese, denke mir noch: Macht kaum einer, quer über die Wiese, aber ich kann ja gehen wo ich will. Dann, wenn man den Blick geradeaus hat, sieht man sehr viel, sehe ich, wie sich in etwa 100 Meter Entfernung und ein ziemlich großer Hund von der Leine reißt und geradeaus auf mich zuläuft. Auf das Rufen der beiden ca. 10-jährigen Mädchen reagiert er null. Ich gehe einfach genau meinen Walk weiter, tüchtig ausschreitend, genau auf ihn zu und in etwa 50 Meter Entfernung bleibt der Hund – war übrigens ein Mastino, ziemlich bullig, stehen. Voller Fokus auf mich, kein wedelnder Schwanz, sondern kurz vor dem Durchstarten. Der Abstand zwischen uns verringerte sich ziemlich schnell. Ohne von Hunden besonders viel zu wissen überkam mich da das Gefühl, dass das nicht ungefährlich sein könnte. Ich spürte das Adrenalin und dann etwas anderes, das mich dazu brachte, einfach genau so weiter zu gehen, direkt auf ihn zu, den Blick auf ihn gerichtet. Und dann gab er Vollgas auf mich zu. Zwei Sekunden, in denen ich nichts denken konnte. Ca. 3 Meter vor mir machte er einen jähen Bogen um mich, war irgendwo hinter mir. Das Mädel mit der Leine kam angerannt und rief noch: „Tut mir leid", ich sagte „Macht nichts" und ging ganz genau so weiter, ohne mich einmal umgedreht zu haben. Dann fuhr das Adrenalin voll ein und mein Herz pumpte wie wild. Dann kamen die Gedanken.

Ich hatte noch nie so eine Begegnung mit einem Hund, habe keine Angst vor Hunden und habe mir so eine Situation noch nie angezogen. Vermutlich würde mir jeder, der Ahnung von Hunden hat sagen, dass ich das einzig Richtige gemacht habe. Doch was ist in so einer Situation das Richtige? Wie kann man das wissen? Intuitiv das Richtige getan? Auch das kann man so sagen.

Doch für mich ist es mehr als das, nämlich ein Sinnbild, eine weitere Metapher für etwas, wozu ich grade im Schreiben überleiten wollte, nach der Dalai Lama Sache.

Ich wusste, dass jetzt grade was geschehen war, was wichtig ist. Vielleicht nicht so sehr wichtig für mich, weil ich es gewohnt bin mich nicht irritieren zu lassen, aber wichtig für dieses Buch. An welcher Stelle bin ich aufgestanden, um meinen Walk of Life zu gehen?

Schließe ich mein Fahrrad ab? Ja ich schließe es ab. Ich fordere das Schicksal nicht heraus, weil das aus dem Ego entspränge – weil, wo wäre da die Grenze? Mit dem Auto auf einen Baum zusteuern und zu vertrauen, dass nichts passiert? Das eben ist nicht Vertrauen sondern der Zweifel, der einen Beweis haben möchte. Doch wenn das Leben mich herausfordert und mich prüft, dann setze ich dem mein ganzes Vertrauen entgegen.

Bemerkenswert ist auch noch, dass das Geschehen seinen Lauf genommen hat, als ich mich entschlossen habe, geradeaus quer über die frisch gedüngte Märzwiese zu gehen. Mit einem Gefühl der Freiheit, dass ich das mache, obwohl die meisten anderen die Gehwege rund um die Wiese nehmen. Und schon mochte sich mir da etwas in den Weg stellen, fast wie um zu sagen: So, so du fühlst dich also frei, das wollen wir mal sehen, ob dir das gut bekommt. Es ist wirklich ein Sinnbild, wie die kollektive Energie der Dualität wirkt, wenn jemand ausscheren möchte. Das kennst du vielleicht auch aus deinem Leben? Dass du beschließt deinen spirituellen Weg zu gehen und andere versuchen, dich wieder davon wegzuziehen. Selbst wenn du glaubhaft versicherst, dass es dir gefällt und dir guttut. Oder du öffnest dich für neue Perspektiven, für ein höheres Bewusstsein und schon manifestiert sich etwas in deinem Leben, das plötzlich so viel Raum einnimmt, dass es dich von deiner Entscheidung ablenkt oder abhält. Das sind die dualen Energien in uns, manche nennen es das Ego, das sich deiner Manifestationskraft bedient, um dir Steine in den Weg zu legen. Tragisch wird es dann, wenn der Mensch dann sagt: „Dann soll es wohl nicht sein" und es einer höheren Macht zuschiebt, oder dass das Leben einem zeigen möchte, dass jetzt etwas anderes wichtiger ist. Was kann wichtiger sein, als den Weg in die Selbstermächtigung, Befreiung, Erlösung zu gehen? Wenn das doch der Grund ist, warum du hier hergekommen bist.

Den Walk of Life kann ich sehr empfehlen, er hilft dir, den Weg deines Lebens zu gehen, versuch es ruhig mal und beobachte, wie das auf andere Menschen wirkt, aber auch auf dein Lebensgefühl.

* ~ *

Die vorhin erwähnte Selbstliebe, wie steht es darum? Jeder hat das schon mal gehört, dass man andere Menschen erst dann bedingungslos lieben kann, wenn man sich selbst bedingungslos liebt. Ach, die Liebe, wie viel ist schon darüber geschrieben und philosophiert worden? Zentraler Lehrsatz: Es gibt keine Liebe ohne Leiden. Ich hoffe du glaubst das nicht wirklich. Wie unglaublich traurig wäre das denn, wenn das stimmen würde? Zum Leben gehört der Tod? Auch so ein Lehrsatz, auf den wir später ausführlich eingehen wollen. Bleiben wir bei der Liebe.

Die Liebe ist die stärkste Kraft im Universum. Klingt schon verheißungsvoller. Doch was ist Liebe? Es gibt so viele Facetten davon. Alle Facetten der irdisch-menschlichen Liebe haben eines gemeinsam: Sie sind nie bedingungslos. Wenn man genau hinschaut, sind auch an die scheinbar selbstloseste Liebe Bedingungen geknüpft. Das stärkste

Liebesband das es unter uns Menschen gibt, ist das zwischen Eltern und Kind. Wie oft kommt es vor, dass Eltern ihr geliebtes Kind so sehr bedingungslos lieben, dass sie ihm alles verzeihen, dass sie in keiner Weise gekränkt sind, wenn ihr Kind sich gegen ihre eigenen Vorstellungen des Lebens stellt? Wenn es so etwas gibt, dann ist es sehr selten, oftmals bei Müttern, die ihre Söhne idealisieren. Doch das entspringt letztlich auch nicht der reinen Liebe, sondern aus Verstrickungen im systemischen Feld der Familie. Denn es gilt: Du kannst niemanden mehr lieben als dich. Nur wenn du dich wirklich bedingungslos liebst, kannst du andere bedingungslos lieben. Selbstlos zu lieben ist nicht das Gleiche wie bedingungslos zu lieben. Bei der selbstlosen Liebe stellst du die Liebe zu dir selbst zurück. Bedingungslose Liebe ist allumfassend.

Wenn du jemanden wirklich bedingungslos liebst, kann er dich nicht kränken oder verletzen, dich nicht enttäuschen. Doch dort, wo die menschliche, persönliche Liebe am stärksten ist, entstehen die größten Verletzungen. Auch ein Kind hat Erwartungen an seine Eltern und umgekehrt. Das ist die persönliche Liebe. Und darum stimmt die Beobachtung schon, dass in dieser Form der Liebe Schmerz und Leid unumgänglich sind. Und niemand braucht sich deswegen schlecht vorzukommen, denn das ist eben so in der menschlichen Liebe – noch.

Die persönliche, menschliche Liebe ist nur ein Ersatz für die wahre Liebe, die wir uns im abgetrennten

Bewusstsein erschaffen haben. Und das ist gut so, weil der Mensch ganz ohne Liebe nicht lebensfähig ist, weil sonst die Seele verdorrt.

Doch die Liebe, von der wir sprechen wollen ist die universelle Gottesliebe, die jederzeit und ewiglich allgegenwärtig zirkuliert. Im Verlaufe der Zeitepochen, besonders in den letzten 17000 Jahren, bis hin zum Heute ansteigend, haben wir diese Liebe vergessen. Wir haben den Zugang dazu verloren, den bewussten Zugang. Wenn du das erste Elisebüchlein gelesen hast, weißt du ganz genau, warum dies geschehen ist. Diese Liebe ist bedingungslos, sie strahlt wie die Sonne für jedes Lebewesen und du brauchst nichts, absolut nichts dafür tun, damit sie das tut. Wenn du dich jetzt, genau jetzt, hinsetzt, dein Herz öffnest und sie in dich hineinatmest, dann ist sie für dich da. Jederzeit.

Doch jetzt kommt die menschliche Schwierigkeit. Da wir seit so langer Zeit auf die menschliche Liebe, den Liebesersatz, konditioniert sind, der immer was erwartet, kann es sein, dass du dich hinsetzt, die Göttliche Liebe rufst und dich nicht für wert fühlst, sie anzunehmen, für nicht gut genug.

Und das ist der wirklich einzig entscheidende Grund, warum sich dir evtl. die mystischen Tore noch nicht öffnen. Weil du noch nicht dafür bereit bist, dich einfach unermesslich lieben zu lassen, ohne wenn, ohne aber, so wie du bist.

Es gibt diese bekannte Übung, wo du dich vor den Spiegel stellst, dir tief in die Augen blickst und immer wieder sprichst: Ich liebe mich, so wie ich bin. Ob diese Übung wirklich die Selbstliebe fördert? Zumindest zeigt sie dir vermutlich sehr genau, dass du das nicht einfach so sagen kannst und es auch nicht glaubst. Ob nach dem ersten, dem dritten oder dem zehnten Mal wirst du es in deinen eigenen Augen sehen, dass es nicht stimmt. Die meisten machen diese Übung danach nie wieder. Sie zeigt einfach nur auf, dass man sich das nicht einreden kann.

Letztendlich lässt sich unser in der Seele wohnendes Bedürfnis, bedingungslos geliebt zu werden, nur über die Universelle Gottesliebe stillen und zwar ohne jeden Schmerz!

Wie kommen wir am besten dorthin, uns wert zu fühlen, diese Liebe Gottes anzunehmen? Manche meinen Beichten hilft, ist aber auch nur eine weitere Spiegelübung, derer es viele gibt. Das Sich-Loskaufen-Wollen von Schuld ist tief in uns verankert. Manche entwickeln daraus sogar einen unerschrockenen Missionarsdrang im Namen Gottes oder ein Helfersyndrom im Namen der Menschlichkeit, fühlen sich für alles und jeden verantwortlich. Das ist der Versuch, etwas gut zu machen, um mehr geliebt zu werden.

Ich möchte dir sagen: Du kannst das alles loslassen; Gott, die Engel, das Universum liebt dich so wie du bist. Sie lieben dich natürlich auch dann, wenn du beschließt Missionar zu sein oder ein Helfersyndrom hast, aber du liebst dich selber damit nicht wirklich. Das ist der entscheidende Punkt. Denn die mystischen Tore sind dir nicht von Gott, den Engeln, oder von Jesus verschlossen, sondern du verschließt sie dir nur selbst. Wenn ein Mensch sich nur annähernd bedingungslos liebt, dann bräuchte es nur einen einzigen Atemzug und er wäre erwacht, er wäre erlöst, er ginge durch das Tor und da wäre auf ewig nur noch Glückseligkeit.

Wer wirklich helfen möchte, sollte beachten, dass manche Menschen keine Hilfe wollen, sie nicht annehmen können. Sie wirken oft stark und stolz, doch in Wahrheit fühlen sie sich dessen nicht wert. Wenn es passt, kann man sagen: „Ich dränge dir meine Hilfe nicht auf. Ich finde einfach du bist wundervoll und hast jede Unterstützung verdient." Sprich Worte der Liebe und des Verständnisses, das heilt und erlöst.

Wenn die Eigenliebe Einzug hält, heilt alles, auch das Umfeld. Man braucht dann anderen gar nichts mehr überzustülpen oder zu beweisen, die Liebe regelt das. Sie ist eben das Stärkste, was es gibt. Es gibt nichts außerhalb der Liebe, hinter allem steht die Liebe. Jeder Mensch hat die Möglichkeit zu entscheiden, ob und wann er ihr die Türe öffnen möchte. Diese Absicht geht allem voraus. Doch die Absicht alleine reicht nicht aus. Die reine Absicht wäre es, sich vor den Spiegel zu stellen und zu sagen: Ich liebe mich.

Das kann leicht in Verbissenheit enden, vielleicht auch in Verzagtheit, wenn man bald merkt, dass man es nicht wirklich fühlen kann.

Dieser eine, oben erwähnte Atemzug bleibt deswegen aus, weil diese Ängste vor Enttäuschung und Zurückweisung, wenn man sich ganz hingäbe, so tief sitzen. Stell dir mal vor was geschähe, wenn du dich ganz nackig machst und dich ganz fallen lässt in die Hände Gottes und der dann sagen würde: „Tut mir leid, so kann ich dich nicht lieben, geh erst mal und reinige dich, werde erst mal ein besserer Mensch." Dann wäre die tiefste aller denkbaren Verletzungen geschehen, die möglich ist. Sie wäre nie wieder zu überwinden, denn wer sollte dich dann lieben, so wie du bist, wenn nicht Gott? Auch du weißt, dass dieses Unwürdig-Sein vielen Menschen von anderen Menschen so eingeredet wurde und wird. Doch Gottseidank dringt das nicht in den Kern der Seele vor. Denn in deinem Seelenkern lebt das Göttliche, er ist unantastbar. Durch ihn ist gesichert, dass du dich nicht verlierst, sondern, egal wie viele Umwege du auch gehen möchtest, zurück nach Hause findest, zur bedingungslosen Liebe. Dieser Göttliche Funke in dir kann niemals erlöschen.

Es gibt eine Aussage, die mich zutiefst beeindruckt hat, sie stammt von Jesus:

„Sich bedingungslos lieben zu lassen ist die höchste Form der Meditation."

Du brauchst dazu übrigens nicht in der Bibel nachzuschlagen, dort steht das nicht drin.

Welche Möglichkeiten haben wir dann, wieder den bewussten Zugang zur universellen Gottesliebe zu finden? Indem wir uns erst einmal auf Attribute der Liebe ausrichten, die leichter anzunehmen und zu praktizieren sind.

An erster Stelle möchte ich die Achtsamkeit setzen. Achtsamkeit bedeutet nicht, aufzupassen oder wachsam oder aufmerksam zu sein. Diese genannten Energien können dich zur Achtsamkeit hinführen, das ja. Die Energie der Achtsamkeit ist eine Energie der Seele, die dann freigesetzt wird, wenn die Herzenserkenntnis fühlbar einsetzt, dass in JEDEM Lebewesen das Göttliche Licht wohnt. Dass es KEIN Geschöpf gibt, das weniger wertvoll ist oder weniger geliebt wird als du selbst. Diese Erkenntnis beinhaltet, dass auch du nicht weniger geliebt wirst, und dass du ein Kind Gottes bist. Achtsamkeit geht aber noch weiter, sie erachtet jede Energie als lebendig. Auch die nicht sichtbaren Energien, auch sie tragen auf irgendeine Art das Göttliche in sich. Weil es nichts außerhalb von Gott gibt. Jede Energie, z.B. eine Heilenergie, lebt von deiner Achtsamkeit. Wenn du als Schöpfergeist ihr diese Lebendigkeit und Eigenintelligenz nicht zugestehst, dann kann sie sich nicht in deinen Händen manifestieren. Achtsamkeit bewirkt den Ausgleich der Energien und das ruft Heilung hervor. Dies gilt für alle Ebenen der Heilung.

Darüber habe ich ausführlich im ersten Elisebüchlein geschrieben.

Jeder Gedanke, jedes Gefühl, jedes Wort ist Energie, ist lebendig. Achte darauf.

Dann stellt sich die Frage, und diese stellt sich nur innerhalb der Dualität, welche Energie dir zu welchem Zeitpunkt guttut und welche nicht. Es gibt Energien der Wirklichkeit und es gibt Energien der Dualität. Energien der Wirklichkeit tun dir immer gut, wenn sie zu dir gebracht werden. Denn eine Energie der Wirklichkeit wird immer nur dann zu dir gebracht, wenn es für dich im Moment richtig und gut ist. Doch die Energien der Dualität stellen dich auf eine Probe. Sie strömen immer zu dir, sobald du dich darauf ausrichtest. Wenn du begrenzende Gedanken denkst, ist das daraus entspringende Gefühl ein niederdrückendes. Wenn du dich Worten aussetzt, die dich klein machen wollen, dann wirst du dich unwert fühlen. Es ist nicht leicht, sich von „negativen" Inhalten abzugrenzen, weil wir, wie vorher ja festgestellt, diesen Samen des Sich-Unwert-Fühlens ja in uns tragen – die einen mehr, die anderen etwas weniger. Dadurch gehen wir mit allem Niederschwingenden viel leichter in Resonanz und laden es auf uns, halten es für wahr.

Ich habe das Wort „negativ" in Anführungszeichen gesetzt, weil letztendlich gibt es nichts Negatives. Alles was ist dient dir, um dich zu erkennen. Subjektiv negativ ist das, was dir im Moment nicht guttut, um dich liebenswert zu fühlen. Und jetzt wird es spannend - warum dann die Anführungszeichen? Weil dieses scheinbar Negative dir die Möglichkeit gibt zu erkennen, was dir nicht guttut und deine Entscheidung zu treffen, dich davon abzuwenden, um dich auf das Schöne, Wahre und Gute auszurichten. Das nennt sich Entwicklung, hin vom unbewussten zum bewussten Schöpfergeist. Also dient dir selbst das scheinbar Negative – aber: Es dient dir nicht unmittelbar, bringt dich nicht auf dem geradesten Wege Richtung bedingungsloser Liebe, sondern auf Umwegen.

Ich weiß, dass oft gesagt wird, es gäbe keine Umwege in dem Sinne, dass es egal ist, welchen Weg du nimmst. Doch ich nehme an, du möchtest so bald wie möglich erwachen, frei werden, alle Ängste ablegen, deine Fähigkeiten entwickeln, die Fähigkeit dich unermesslich lieben zu lassen? Denn nur dann kannst du stark und voller Liebe dem Großen Ganzen dienen, also anderen Menschen, Tieren, dem Planeten. Klar kannst und sollst du jederzeit andere unterstützen und den globalen Wandel, du kannst jederzeit damit anfangen, du brauchst auf nichts zu warten. Doch einleuchten sollte schon, dass je heller dein Licht strahlt, du umso mehr Menschen den Weg beleuchten kannst.

Die Schnelligkeit deiner Entwicklung ergibt sich aus der Summe all deiner Entscheidungen. Wie oft hast du dich für die Liebe und das Licht entschieden, wie oft für die Verlockungen der Dualität? Wie oft hast du dich ablenken lassen, hast anderen erlaubt dich aufzuhalten? Wie oft hast du dem Verstand statt der Seele die Führung überlassen? In all dem liegt keinerlei Bewertung, kein gut oder schlecht gemacht. Jeder vollzieht diese Entwicklung in seinem eigenen Tempo, das er selbst bestimmt. Und so wie er es bestimmt ist es richtig und gut.

All das, was ich dir hier erzähle ist nicht einfach nur angelesenes Wissen, sondern zu einem großen Teil inneres Wissen aus Lebenserfahrung. Da ich mich mittlerweile an viele meiner Inkarnationen erinnere, teilweise auch tief ins Detail, ist darin ganz klar ein roter Faden ersichtlich. Es ging immer darum, den Spuren des Lichtes und der Liebe zu folgen. Es gab auch viele Umwege, sie waren letztendlich immer schmerzhaft. Aus einer höheren Perspektive wird das ersichtlich, dass es diese nicht gebraucht hätte. Das ist ja das Paradoxe – paradox ist ein anderes Wort für Mystik, das was nicht mit dem Verstand erfasst werden kann - dass man rückblickend immer sagen kann: Das hätte es nicht gebraucht, wäre ich geradeaus den Weg zum Licht gegangen. Doch in der jeweiligen Lebenssituation, wenn man verwirrt ist und das Licht grade nicht sehen kann, wählt man halt einen anderen Weg. Das Lustige ist dabei, dass man dennoch ankommt, weil sonst könnte man ja nicht zurückblicken. Ich habe auch oft Umwege gemacht und ich hätte noch viel mehr Umwege machen können, doch das habe ich nicht gemacht. Genauso wie ich noch mehr hätte machen können, hätte ich auch viel weniger Umwege machen können. Ich glaub ich habe genauso viele gemacht, damit ich heute die gefühlte Zustimmung habe, das alles hier so niederzuschreiben. Denn hätte ich gar keine Umwege gemacht, hätte ich keine Erfahrungen und kein inneres Wissen, das ich weitergeben könnte. Da sich jedoch in der Dualität die Erfahrungen immer und immer wieder wiederholen, nur in einem anderen Gewande, braucht man wirklich nicht jedes einzelne Gewand anzuziehen.

* ~ *

Niemand urteilt über deine Umwege, bitte tu du das auch nicht. Du hast das Recht, so viele Umwege zu nehmen wie du möchtest. Doch nimm am besten den geraden Weg. Es gibt immer einen Königsweg, der für dich bereitet wurde. Dies trägt scheinbare Widersprüche in sich und dennoch ist es wahr. Es zeigt nur, dass das Mystische nicht mit dem Verstand in Worten erklärt werden kann. Wenn du an solche Widersprüche stößt, dann weißt du, du näherst dich der mystischen Barriere.

* ~ *

Jetzt bin ich etwas abgeschweift, wir sprachen über Attribute der Liebe, die uns hilfreich sind auf unserem Weg. Nach der Achtsamkeit, die auch noch im Ansatz mental erfasst werden kann, möchte ich die Energie des Mitgefühls anführen, diese ist mental überhaupt nicht erfahrbar. Man hört dieses Wort und glaubt zu wissen, was es bedeutet. Im menschlichen Sprachgebrauch wird es zumeist mit Mitleid gleichgesetzt. Doch Mitleid ist eine völlig andere Energie. Mitleid entspringt dem Verstand, Mitleid entsteht aus einer Angst heraus. Diese Angst sagt: „Der andere ist ein armes Opfer, ich sehe in ihm nicht das Licht und nicht die Kraft, sein Leben zu meistern. Ich fühle mich stärker und helfe ihm in der Hoffnung, dass wenn es mir mal so ergehen sollte, dann auch jemand mir hilft." Aus dieser Angst heraus leidet man mit und versucht dieses Leid zu beseitigen. Doch dadurch vergrößert sich das Leid und es schwächt beide. Mitleid macht das Herz schwer.

Mitgefühl hingegen ist in jeder Seele eingebettet als Energie der Wirklichkeit. Mitgefühl beschränkt sich nicht darauf Leid wahrzunehmen, sondern weiß, dass hinter allem Leid und hinter jedem Schmerz die Liebe steht. Das heißt, dass dabei der Fokus nicht auf das Leid, sondern auf die Liebe dahinter gerichtet ist. Mitgefühl erkennt als Voraussetzung voller Achtsamkeit das Göttliche Licht im anderen und sieht es. Dadurch dehnt sich die Seelenenergie des anderen aus und er kann sich aufrichten, es stärkt ihn. Mitgefühl macht das Herz weit.

Es kann also der äußere Vorgang des Helfens mit zwei unterschiedlichen inneren Haltungen vollzogen werden. Beim Mitleid bleibt es bei der physischen und evtl. mentalen Hilfe. Beim Mitgefühl wird die Seele des anderen miteinbezogen und das gibt ihm die Erlaubnis zu leuchten. Denn damit sagst du ihm:

„Ich sehe dich, dein Göttliches Licht. Du bist nicht kleiner als ich und ich bin nicht größer als du." Im Mitgefühl können Menschen auch Hilfe viel leichter annehmen, weil sich dabei niemand über sie stellt. Zudem ist Mitgefühl auch, sich mit jemand anderem zu freuen, wenn es ihm gut geht. Ja sogar dann, wenn es einem selber nicht so gut geht. Auch das ist Mitgefühl. Diesen Aspekt schließt das Mitleid, wie das Wort schon sagt, völlig aus.

Auch wird oft mitfühlen mit der Gabe sich einzufühlen, also mit Empathie, gleichgesetzt. Doch die Fähigkeit des Einfühlens führt oft dazu, dass Menschen viel von anderen auf sich laden und es fühlen, das kann angenehm oder unangenehm sein. Einfühlsamkeit, diese Sensitivität, ist eine wunderschöne Fähigkeit. Doch haben es sehr sensitive Menschen oft nicht leicht in der Dualität. Sie können sich zumeist kaum abgrenzen und nur schwer unterscheiden, was zu ihnen gehört und was sie von anderen aufnehmen. Doch es soll nicht so sein, dass jemand die Lasten eines anderen trägt, das ist niemandem dienlich, das wäre so ein Umweg. Wenn du jemandem im Mitgefühl hilfst, dann wird seine Last so, wie es richtig ist und gut, von ihm genommen. Sie wird nicht von dir von ihm genommen, sondern durch dich, durch dein Mitgefühl, durch deinen Blick auf die Liebe hinter der Last. In dem Moment stehen die Engel an deiner Seite und nehmen alles mit zur Transformation, was der andere bereit ist loszulassen. Im Mitgefühl bist und bleibst du frei. Wenn du jedoch mitleidest, stehen die Engel vielleicht auch an deiner Seite, aber du erlaubst nicht, dass sie es mitnehmen, sondern du maßt dir an, es tragen zu wollen.

Mitgefühl ist die Lösung für hochsensitive Menschen, die sich schlecht abgrenzen können. Denn wahres Mitgefühl grenzt besser ab als alles andere, weil du dabei hilfreich und offen und unterstützend sein kannst, ohne dir Energien und Lasten der anderen aufzuladen. Du siehst, auch Achtsamkeit und Mitgefühl, als der bedingungslosen Liebe untergeordnete Attribute, haben es schon in sich, sie setzen eine tiefe Herzenserkenntnis voraus.

Ich sage dir ganz ehrlich, dass ich auch nicht in jedem Moment das reine Mitgefühl fühlen kann. Es ist nicht immer leicht, nur die Liebe zu sehen. Ich halte mich von den Tiefen und Untiefen der Sozialen Medien fern, wenn es nicht wirklich licht ist und Nachrichten schaue ich nur von Zeit zu Zeit mal, um einen Überblick zu haben, mit welchen Themen sich das Kollektiv gerade auseinandersetzt. Und dann kann es auch passieren, dass ich betroffen bin, wenn ich sehe, wie schwer sich manche Menschen tun in dieser Zeit. Oder andere, die diejenigen verspotten oder angreifen, die sie in Richtung des Tores, des Ausgangs aus der alten Welt, in die Neue Welt führen wollen. Doch so ist es nun mal und dann wechsle ich wieder die Perspektive, wende mich der Liebe zu und bin fester denn je entschlossen, alles zu geben was ich kann für den Planeten, für die Menschen, die ich so liebe.

Und jetzt noch die dritte Energie, die so sehr wichtig ist – vielleicht sogar die wichtigste von allen. Das Vertrauen. Vertrauen in was? In dich, dein Göttliches Licht. In deine Seele. In das Leben. Denn du bist das Leben. Vertrau darauf, wenn die Engel dir zuflüstern „Du wirst unermesslich geliebt," vertrau darauf, dass das nicht nur Worte sind.

Bei genauerer Betrachtung der Energie des Vertrauens erhält das oben erwähnte Zitat vom Dalai Lama noch mal einen anderen, tieferen Sinn. Das Vertrauen auf Gott, das Göttliche in dir, ist das eine. Das andere (Fahrrad absperren) wäre das Vertrauen in die Dualität. Es wäre dieses oberflächliche Vertrauen, das, wie du sicherlich auch schon öfters erfahren hast, schnell mal zu einer Enttäuschung führt und dadurch in den Zweifel. Klar, du kannst diesen Zweifel dann wieder nutzen, um ihn zu überwinden, um erneut in das Vertrauen zu gehen. Und genau das ist die Entscheidung, die wir jeden Tag aufs Neue zu treffen haben. Trotz der Dualität, die ja ihren Sinn dadurch erfüllt, uns diesen Vertrauensbeweis tagtäglich abzuverlangen. Doch wäre das ja ein ewiges Spiel, würde es nicht irgendwann in das unumstößliche, alles vollbringende Vertrauen, in die Gewissheit führen.

Der einzige Zweifel der unmittelbar dienlich ist, ist der, der die Natürlichkeit der Dualität anzweifelt. Der bezweifelt, ob es wahr ist, dass wir geboren wurden um zu leiden und zu sterben. Wenn dich mal wieder Zweifel über deine Göttlichkeit heimsuchen, dann versuche doch einmal diesen Zweifel zu bezweifeln. Der Zweifel an dir selbst, der Selbstzweifel hält dich von der Liebe zu dir selbst fern. Menschen, die am Göttlichen zweifeln, zweifeln auch an sich selbst, und anders herum. Doch dieser Kreislauf kann relativ leicht durchbrochen werden. Der Zweifel daran, dass es eine Göttliche Quelle und ein lebendiges Universum gibt mit Myriaden von Göttlichen Wesen, ist ein kollektiver Irrglaube, den du durch deine Entscheidung zu vertrauen von dir nehmen kannst. Der Selbstzweifel ist etwas, was sich oft in vielen Inkarnationen gebildet und in der Seele eingebettet hat. Der ist nicht ganz so einfach wegzuwischen, dafür braucht es Transformation und Heilung der Farbstruktur deines Seelenlichtes.

Doch um sich ganz und vollkommen zu erkennen muss es irgendwo, irgendwann, einen Punkt geben, an dem jeglicher Zweifel endet. Wo du über jeden Zweifel erhaben weißt und fühlst: Ich bin Göttlich – ich bin viel mehr als nur Mensch. Das ist der Moment, an dem das ursprüngliche Leben beginnen kann Einzug zu halten. Elises – das ursprüngliche Leben, so der Titel des Büchleins in deinen Händen. Leben ist Bewegung, ist Veränderung. Ursprünglich bedeutet, jede dieser Veränderungen im völligen Vertrauen zuzulassen, ja sogar sie willkommen zu heißen. Lasse dir selbst die Achtsamkeit zukommen, dass du wirklich lebendig bist, eine ewig lebendige Energie. Fühle auch Mitgefühl für dich, an guten und an weniger guten Tagen. Vertraue auf dich – deine Seele dient dir ewiglich und sie kennt den Weg. Folge ihr, sie führt dich durch das äußere Chaos dieser Zeiten.

Anm.: Ich habe hier im Büchlein auf spezielle Übungen oder Anleitungen verzichtet, doch zu fast allen hier erwähnten Inhalten findest du Meditationen und Übungen und weitere Anregungen in meiner freien Onlinemediathek. Gib dazu einfach auf YouTube den Suchbegriff „Nama'Him" ein.

* ~ *

Ich verwende sehr gerne Metaphern, weil ein Bild viel leichter eine Herzenserkenntnis auslöst als abstrakte Worte. Bilder und Fühlen, so auch die Energien des Mitgefühls, der Achtsamkeit, des Vertrauens, sind weibliche Attribute der Gottesliebe. Der Wechsel der Dimensionen, der sich derzeit vollzieht, ändert so ziemlich alles. Die so lange auf unserem Planeten gewesene Disbalance zwischen weiblicher und männlicher Energie wird ausgeglichen. Doch zuvor ist es noch notwendig, in der sog. Übergangs- oder Durchgangsphase, dass die weiblichen Energien stärkere Beachtung finden. Es ist wie eine Waagschale, die lange zu Gunsten der männlichen Attribute gestanden hat. Die energetische Ausgleichsbewegung lässt nun für eine gewisse Zeit den weiblichen Energien den Vortritt, um sich dann, in kleineren Nachschaukelbewegungen, ganz auszugleichen.

Das ist darum so hilfreich zu wissen, weil für diese Zeit der Übergangsphase gilt: Gehe alles aus der weiblichen Energie heraus an, die männliche ergänzt dann den Energiefluss. Vorhaben, Ideen, Manifestationen, die aus der männlichen Energie heraus gestartet werden, werden immer weniger, bis zuletzt gar nicht mehr, an den Gnadenstrom der Verwirklichung angebunden. Das hat längst begonnen und es wird eine Zeit kommen, wo dies überdeutlich sein wird.

Warum sich die ursprünglich ausgeglichene Energie auf unserem Planeten verschoben hat, hin zu einer Dominanz der männlichen Energie, habe ich ausführlich im ersten Elisebüchlein erzählt. Das große Experiment und der Fall des höchsten Liebesengels, was zu einer Verschiebung im magnetischen Gitternetz von 387 Planeten geführt hat. Die Folgeenergie dieser Abtrennung brachte uns aus der Einheit des Göttlichen Feldes heraus. Das Schöpfermotto unseres Ersten Zentralen Universums lautet Mut. Ein Höchstmaß davon brauchte es von Seiten des hohen Thronenengels Yoah'Toh, der dieser Abtrennung zustimmte. Diese tiefe Erinnerung in uns bewirkt, dass wir oft noch meinen, Mut wäre, sich abzutrennen vom Göttlichen. Doch nach diesem einmaligen, kosmischen Ereignis war es genau anders herum, sich der Liebe zu öffnen und zu vertrauen ist seither die höchste Form von Mut. Nur so können wir die Reise nach Hause antreten.

Wenn hier von weiblich und männlich die Rede ist, geht es dabei nicht um das Geschlecht, das du trägst. Jeder Mensch trägt in sich weibliche Energien, die

Energien der Seele, und männliche Energien, die Energie des Geistes.

Weibliche Attribute sind: Mitgefühl, Güte, Kraft, Sanftheit, Verständnis, Barmherzigkeit, Toleranz, Fürsorge, Intuition, Gefühle, Achtsamkeit, Loslassen, Vertrauen, Hingabe, Einfachheit, Demut, Schöpferkraft.

Was noch interessant ist hinzufühlen, weil es auch Worte sind, die oft als das Gleiche verwendet werden: Kraft und Stärke. Das sind unterschiedliche Energien. Während Stärke als männliches Attribut eher entgegenhalten, widerstehen bedeutet, ist Kraft als weibliches Attribut das, was die Dinge bewegt. Stärke ist mehr im Außen, Kraft im Innen.

Männliche Attribute sind: Mut, Stärke, Klarheit, Zielgerichtetheit, Wirken, das Tun, Wissen, Weisheit, Worte, Kraft, Ausdauer, Vielfalt, Abgrenzung, Berechnung, Intervention, Kontrolle, Schöpfergeist.

Auch das sind wichtige Attribute, und in den vergangenen Zeitepochen standen sie zumeist an vorderster Stelle. Das ändert sich jetzt – das ist vielleicht eine der wichtigsten und hilfreichsten Aussagen dieses Buches, dass du dir das ins Bewusstsein rufst. Es bedeutet, viele bisherige Erfahrungen, wie die Dinge funktionieren, wie man etwas angeht, loszulassen. Und den Mut zu haben, es auf die weibliche Art zu versuchen. Dies gilt im Übrigen auch für alle Heilweisen. Die bewusste Intervention, also das direkte Eingreifen des Therapeuten, des Arztes, in Prozesse der Seele und des Körpers wird immer weniger Wirkung zeigen, die Seele und der Körper werden sich dagegen sträuben. Und dieser Widerstand kann Schmerz auslösen. So dass man das Gefühl hat, egal was man macht, es wird irgendwie immer schlimmer. Das ist ein Zeichen, dass du mit den männlichen Energien herangehst.

Hingegen bewegt und löst das neutrale und absichtslose Zuführen von intelligenten Heilenergien immer mehr. Aus den männlichen Energien heraus werden keine Lösungen mehr gefunden werden können. Du siehst es ja jeden Tag auf der Weltbühne. Man könnte meinen, da wären unwissende Amateure am Werke. Im Gegenteil, es sind professionelle Wisser, selten auch Besserwisser. Was fehlt sind die fühlenden Akteure, die die tieferen Zusammenhänge erfassen und mutig genug sind, danach zu handeln. Die, die die Lösung kennen und den Ausgang. Der Ausgang – damit machen wir jetzt weiter.

Der Zeitzeuge

Fragst du dich auch manches Mal, was hier eigentlich los ist auf dieser Welt?

Ein Sinnbild dazu, eine Metapher, die dich in eine reine Beobachterposition versetzt. Stell dir vor da sind zwei Luftballons, sagen wir mal ein rosaroter und ein grauer. Der rosarote pulsiert ganz ruhig, während sich der graue in einer unregelmäßigen, hastigen Bewegung in eine Richtung dreht. Jetzt gehst du näher ran an den rosafarbenen und merkst, dass dieser mysteriös wirkt, je genauer du mit den Augen drauf schaust, je mehr du ihn damit fassen möchtest, umso unschärfer wird er. Wenn du deine Augen schließt und dich öffnest, dann strömt von ihm ein warmes Gefühl der friedvollen Geborgenheit aus. Dann wendest du dich dem grauen zu, und wie durch einen Schleier hindurch kannst du schemenhaft erkennen, was im Inneren passiert. Du siehst unzählige Hamsterräder, und in jedem läuft ein Mensch. Es dämmert dir, dass diese, nennen wir sie mal Welt, sich nur deswegen dreht. Alle laufen sie in die gleiche Richtung. Auf der linearen Zeitachse von ihrer Geburt bis hin zu ihrem Tod. Alles knarzt und quietscht und über diesen Lärm hinweg brüllen sie sich zu, wie man noch besser und schneller laufen könnte.

Jetzt passiert Folgendes: Aus irgendeinem Grund beginnt der rosafarbene Ballon sich auszudehnen, und bald berührt er den grauen. Durch diese Berührung kommt der graue Ballon erst leicht ins Schlingern, dann wird er etwas abgebremst. Du siehst das jetzt alles im Zeitraffer vor deinem inneren Auge, eben das, was sich seit 1987 bis ins Jetzt vollzieht. Zuerst langsam dehnt sich der rosarote aus, dann scheint es fast, als mache er eine kleine Pause. Dann wieder ein Ausdehnungsschub, und mit der Zeit dann immer schneller dehnt sich der rosarote Ballon aus und bremst den grauen ab. Du kannst beobachten, dass jeder Ausdehnungsschub etwas wie eine Art Beben im Inneren des grauen Ballons verursacht, die Menschen in ihren Laufrädern haben teilweise Mühe sich zu halten, manche fallen um. Doch bald entwickeln die Menschen Strategien, wie sie ihre Laufräder besser befestigen können und laufen weiter. Und weil es nun zunehmend so ist, dass der rosa Ballon den grauen auch immer mehr zusammendrückt, es immer mühsamer wird, ganz einfach vor sich hinzuhamstern, entsteht bei den Menschen immer mehr Unmut, Verzweiflung und auch Wut. „Was ist da los? Was kann ich noch alles tun, um die Sicherheit meines geliebten Hamster-rades zu gewährleisten?" Manche bauen sich goldene Hamsterräder und einen hohen Zaum drum herum. Aber all das macht es auch nicht weniger mühsam.

Dort, wo die Ballone sich berühren, entsteht Reibung und es wird warm, und die entstehende Energie wird ins Innere des grauen Ballons abgeleitet. Es donnert, blitzt, pfeift. Die Elemente Feuer, Wasser, Erde, Luft, wandeln diese Energie in ihre Ausdrucksform, und sie scheinen zunehmend außer Kontrolle zu geraten. Doch die Dinge sind selten wie sie scheinen, die Elemente wissen, was sie tun.

Dieser Druck auf den grauen Ballon hat zur Folge, dass er sich mit Energie auflädt, dass das darin wirksame Raum-Zeit-Kontinuum sich verändert, dass die Konstanten, die dort lange Zeit galten, sich ändern. Du blickst dort hinein und ein großes Mitgefühl für diese Menschen berührt dein Herz.

Plötzlich blickt dich ein Augenpaar aus dem grauen Ballon durch den Schleier an und ruft: „Hallo – ist da jemand? Wenn ja dann bitte mach, dass das aufhört!" Du sprichst das einzig Wahre: „Es tut mir leid, das kann ich nicht, ich bin nur Beobachter, aber meine Liebe und mein Mitgefühl sind bei dir." Du weißt, sie können dich nicht hören, doch sprichst du noch: „Mir scheint, dass dies so sein soll, doch es gibt einen Ausweg, hab Zuversicht."

Der Druck und die Verwirrung im Inneren des grauen Ballons werden immer größer, Panik und Ängste brechen aus, die Menschen geben sich gegenseitig die Schuld für all das und streiten miteinander. Du kannst das Geschehen zwar nicht abwenden, doch dir kommt eine Idee. Wenn das nächste Mal jemand nach dir ruft, dann gehst du ganz nahe ran und rufst ihm zu: „Es gibt einen Ausgang, geh dorthin wo es am wärmsten ist, wo die Energie am höchsten ist. Folge deiner Intuition, deine Seele kennt den Weg, sie führt dich dort hin."

Jetzt überspringen wir mal den ganzen Prozess des In-Erwägung-Ziehens, des Glaubens, des Zweifels, des erneuten Vertrauens, also des Weges des

Individuums, dem du diese Botschaft geschickt hast. Gehen wir da hin, wo dieser Mensch nun am Ort der höchsten Energie steht. Das Vertrauen ist schon enorm gestiegen und dieser Mensch kann es fühlen, dass hier irgendwo der Ausgang sein muss - nur wo genau? Dieser Mensch bist möglicherweise du. Und jetzt, in diesem Moment bist du beides – Beobachter und mitten drin.

Der kleine Teil von dir, der mitten drin ist fühlt so sehr, dass hier irgendwo der Ausgang ist und weil dem so ist und weil du ein liebendes Herz bist, erzählst du anderen Menschen davon, nimmst es sogar auf dich, ausgelacht zu werden. Lass dich umarmen und bleib deinem Fühlen treu, es wird alles gut.

Dein Engagement führt dazu, dass es sich wie ein Gerücht verbreitet, dass es noch was anderes gibt als das, was du bis vor kurzem selbst noch geglaubt hast. Und wie es mit Gerüchten so ist, sie werden gedeutet, bezweifelt, ausgeschmückt, oder ignoriert. Dennoch beginnen immer mehr Menschen, diese Wärme-strömung zu fühlen und ihr zu folgen, die sie in Richtung der Berührungspunkte der beiden Ballons führt. Immer mehr Menschen sammeln sich vor dem Ausgang, dem Übergangspunkt, doch etwas hindert sie, hindurch zu gehen. Schließen wir diese Metapher an der Stelle.

Metaphern müssen immer mit dem Herzen betrachtet werden, weil sie ja deswegen Anwendung finden, weil man es so, wie es tatsächlich ist, nicht in Worte kleiden kann. Wenn man es versucht, gerät man in Gefahr, in den Verstand abzurutschen und dann wird alles nur noch verwirrlicher. Doch haben eben auch Metaphern oft kleinere „Schwachstellen" die der geübte und emsige Verstand gern mal aufzeigen möchte und damit der Seele die Möglichkeit nimmt, das Entscheidende dabei zu erkennen. Bitte lies mit deinem Herzen.

Darum fügen wir gleich noch eine weitere Metapher an, die du sicherlich auch schon erlebt hast. Ein großes Areal, tausende von Menschen. Du blickst dorthin, wo sich die meisten Menschen sammeln und siehst einen hohen Zaun. In diesem Zaun ist ein Durchgang, der Eintritt. Vielleicht zu einem großen Konzert – hörst du schon deine Lieblingsmusik? Leider gibt es nur einen Eingang und so stauen sich die Menschen in einer riesigen keilförmigen Warteschlange. Die, die ganz früh da waren, stehen ganz vorne usw. Bis hin zu jenen, die am anderen Ende des Areals vereinzelt oder in Grüppchen rumstehen, noch ein Bier trinken oder sonst was. Doch die, die sich entschieden haben, sich aktiv anzustellen, sie sind ausgerichtet auf das Tor, das ist ihr Ziel. Ihre Körpervorseite zeigt zum Tor. Das ist die Absichtsbekundung, dass sie nun so schnell es geht dort durchwollen. Es dauert alles etwas, jeder muss diesen Weg bis zum Tor gehen oder durchstehen, auf welche Art auch immer. Viele unterhalten sich, haben Spaß. Andere sind gelangweilt oder gestresst. Die Sonne brennt und dann kommt Wind auf und es regnet ein wenig. Die ganze Bandbreite, die so möglich ist.

Wie reagieren die Menschen? Manche wollen irgendwann nicht mehr anstehen, weil sie Durst haben oder aufs Klo müssen und kommen dir entgegen. Andere laufen weg, weil es regnet und stellen sich unter. Der neben dir schaut auf seinem Handy ein YouTube Musikvideo und dabei fällt ihm ein, dass er genauso gut zu Hause auf der Couch Musik hören könnte, und er verkauft kurzerhand sein Ticket und geht weg... also lass deiner Phantasie – oder deinen Erinnerungen - an solch ein Szenario freien Lauf, was da alles möglich ist.

Du hörst etwas auf die Gespräche um dich herum und deine Gefühle fahren Achterbahn. Manche predigen fast militant die Großartigkeit des bevorstehenden Konzertes, ein anderer erzählt, dass sein Nachbar ihm erzählt hat, dass es bessere Konzerte gibt, und dass es eigentlich schade ist um das Geld fürs Ticket und das lange Anstehen. Du bist hin- und hergerissen, auch in dir regen sich Zweifel, ob es das wert ist. Doch du bleibst, weil das Fühlen in dir stärker ist, das Gefühl, dass du den Spuren der Liebe folgst.

Du stehst jetzt also immer noch dort, schon 2 Stunden, kommst langsam vorwärts, und du machst ein Experiment. Du drehst dich in die andere Richtung, also vom Tor weg, du lenkst deinen Fokus nach hinten. Die vor dir rücken ein Stück weiter vor und du bemerkst es gar nicht gleich. Doch der freibleibende Raum bleibt nur kurz frei. Wenn du nicht nachrückst, rückt jemand von schräg neben dir nach. Und so kann es ewig gehen, du kommst nicht vorwärts. Du beendest das Experiment und dir wird klar: Nur wenn du mit vollem Fokus auf das Ziel deine Absicht aussendest, trägt dich die Energie vorwärts. Wenn du zu lange zurückschaust, bleibst du stehen und andere nehmen deinen Platz ein. Metapher Ende.

Es ist eine energetische Gesetzmäßigkeit, dass die Energie dem Fokus folgt. Und wenn du dir diese Metapher vor Augen hältst, weißt du auch, wie es ist mit dem Auserwählt-Sein. Bist du auserwählt? Ja sicher. Jeder Mensch ist auserwählt, in die Neue Welt zu gehen. Es gibt niemanden, der sagt: Du nicht. Jeder Mensch der tief in seiner Seele JA sagt ist auserwählt. Fühlst du dich dazu berufen? Das obliegt deiner Entscheidung. Darum gibt es wohl Auserwählte, die diesem Versprechen alle Ehre machen und vorausgehen. Es sind die, die das Auserwählt-Sein auch annehmen und dieser Berufung folgen. Das sind nicht von irgendwem vorher bestimmte Menschenseelen, sondern die, die ihrer Intuition vertrauen und sich nicht ablenken lassen von äußeren Dingen, sondern als Pioniere mit offenem Herzen vorausgehen.

Um noch weiter bildhaft zu sprechen. Es gibt schon Menschen, die aufgrund ihres Engagements in ihren vielen Vorleben etwas mitgebracht haben, dass sie schon ziemlich weit vorne in der Schlange stehen. Das kann ein guter Wecker sein, der sie pünktlich am Morgen geweckt hat, um ganz früh da zu sein. Oder ein Sonnenhut, dass sie besser vor der Sonne geschützt sind, oder ein Regencape, das sie dabei haben oder eine Flasche, gefüllt mit Wasser. Doch auch sie haben jeden Schritt und jeden Moment mit Vertrauen und Achtsamkeit zu tun. Wenn sie sich abwenden, sich umdrehen, können alle an ihnen vorbei gehen und so kann aus einem Auserwählten auch schnell ein selbst Ab-Erwählter werden. Das ist aber alles okay so, niemand richtet darüber. Ganz zum Schluss geht auch der letzte durch das Tor.

Weil, du ahnst es schon, die eine Metapher in die andere übergegangen ist. Diese hier jetzt war die Sicht von innerhalb des grauen Ballons. Und in diesem Ballon wird es immer enger, immer ungemütlicher, immer chaotischer und grauer. Er wird so stark komprimiert, dass er bereits viele Risse bekommen hat und die austretende graue Energie wird, so kannst du als Beobachter der beiden Ballons sehen, von vielen Lichtgestalten aufgefangen und verwandelt in reines Licht und Liebe, welche sie dem rosaroten Ballon zuführen. Aha, jetzt wissen wir auch, warum der sich so ausdehnt. Zumindest ist das einer von mehreren Gründen dafür. Die grauen Energien, die frei werden und aus dem grauen Ballon entweichen, sind die Energien, die die Menschen losgelassen haben. Manche freiwillig und freudvoll, andere unter Zähneknirschen und Druck. Letztendlich spielt es keine Rolle. Schöner und einfacher ist es natürlich, diesem unumgänglichen Transformationsprozess keinen Widerstand entgegenzusetzen, denn loslassen unter Druck tut weh. Widerstand erzeugt Schmerz.

Zudem zirkulieren diese grauen Energien ja erstmal auch im kollektiven Feld und verstärken dort zunächst einmal die Verwirrung, das Chaos und die Ängste. Erst dann werden sie nach und nach vom gesamten Planetenbewusstsein zur Transformation frei gegeben, wodurch sie dann, in der Metapher, durch die Risse im grauen Ballon entweichen. Je mehr du dich in diesen Zeiten mit kollektiven Themen der Dualität beschäftigst, Diskussionen führst, Nachrichten schaust, dir Gedanken und Sorgen machst, umso mehr nimmst du diese kollektiven Energien in dein Energiefeld auf. Das ist sehr unangenehm, legt sich auf die Oberflächenenergie deiner Seele und bewirkt, dass du das Göttliche in dir nicht so gut fühlen kannst, was dem Zweifel wieder Tür und Tor öffnet. Zudem musst du dann diese kollektiven Energien transformieren und wieder loslassen. Auch viele körperliche Symptome, die die Menschen in diesen Zeiten tragen, kommen genau da her. Also wäre es hilfreich, dich so gut es dir möglich ist von allem abzugrenzen, was dir nicht guttut. Ob das Beziehungen sind, Gewohnheiten oder irgendwelche dualen Thematiken, z.B. in den sozialen Medien, Fernsehen usw. Ich weiß, dass irgendwas in dir sagt: Aber ich muss doch wissen... oder: Das ist interessant...

Es wäre Stärke, dich davon fernzuhalten, dich abzugrenzen. Das ist die männliche Energie. Noch tiefgehender wäre es, wenn du für alles was geschieht wahres Mitgefühl empfinden könntest, das ist die allerbeste Art, keine Fremdenergien auf dich zu laden, wie vorher schon beschrieben. Doch wenn du das evtl. noch nicht ganz so kannst, wenn du wütend wirst auf etwas oder jemanden oder merkst, dass du Feindbilder in dir trägst, dass du das Bedürfnis bekommst zu kämpfen, dann grenze dich lieber erst einmal ab und widerstehe der Versuchung, das duale Scheinwissen in dich aufzusaugen. Du musst auch nicht an jedem Gespräch teilnehmen. Wenn mehr Stille in dir ist, kommt das Mitgefühl viel leichter an die Oberfläche.

Was gilt es denn alles loszulassen? Alles. Hatte ich vergessen zu erwähnen, dass du am Eingang alles abgeben musst, dass es ein Nacktkonzert wird (Metapher)? Wo jeder den anderen zum ersten Mal in der ganzen Schönheit, so wie er erschaffen wurde, sehen kann? Ohne Masken, ohne Schleier. Ohne Scham. Ohne jede Scham, nicht gut, nicht schön, nicht liebenswert genug zu sein.

Weißt du, dass ich das 3. Kapitel, das jetzt dann folgt, ursprünglich als erstes geschrieben hatte? Es trägt mehr die männliche Energie in sich und darum habe ich es nun dort einsortiert, wo es hingehört. An zweiter Stelle, nach der weiblichen Energie der Metaphern und des Fühlens. Du siehst, dass auch du nachsichtig mit dir sein darfst, denn so lange waren wir geprägt, es genau anders herum zu machen. Das verliert sich nicht von heute auf morgen, es ist ein Prozess der Bewusstheit, der ein Erwachen voraussetzt. Der vielleicht wichtigste Aspekt des Erwachens ist es, die Fähigkeit zu erlangen, die Perspektive zu verändern. Es gibt zwei grundsätzliche Perspektiven, vorne und hinten, außen und innen, oben und unten, männlich und weiblich also. Sie stehen sich direkt gegenüber und beleuchten etwas aus der entgegengesetzten Richtung. Das ist die größte Änderung deiner Ansichten, die du vollziehen kannst. Doch gibt es ganz ganz viele weitere Perspektiven, weil es ja unzählige Positionen gibt, von denen aus du auf etwas blicken kannst. Und du weißt, jeder Mensch blickt aus einer etwas anderen Perspektive, es gibt davon so viele wie es Menschen gibt. Dann gibt es noch eine übergeordnete Perspektive, die praktisch alles Räumliche im Jetzt-Moment, losgelöst von der Zeit, erfasst. Dort, so vermute ich mal, möchtest du hin. Ich auch.

Doch erinnere dich, Entwicklung findet Schritt für Schritt statt, baut aufeinander auf. Das ist selbst im Universum so. Auch die Engel können nicht in alle Dimensionen blicken, es gibt immer noch ein Weiterentwickeln und ein noch tieferes Eintauchen in das Mysterium. Selbst das höchste Licht in unserem Universum, Melek Metatron, auch genannt das Auge Gottes, kann nicht vollständig in jedes andere Universum blicken. Gott hat eben viele Augen. Die einzige Ausnahme ist Jesus Christus, er hat sogar direkten Zugang zur Göttlichen Quelle, dort wo nichts mehr ist und alles. Warum das so ist, habe ich ja im ersten Elisebüchlein schon näher erklärt. Doch bevor wir wieder eine Reise in diese Ebenen der Wirklichkeit unternehmen, möchte ich noch der männlichen Energie ihren Platz geben.

Ich bin in dir

Am Anfang dieses Kapitels stellt sich eine wichtige Frage. Am Anfang war das Wort – doch wer hat das gesprochen? Kann es sein, dass du das warst?

Das Bedürfnis seine Welt zu verstehen trägt jeder Mensch in sich. Der Glaube zu verstehen spendet Sicherheit. Dieses Grundbedürfnis der Seele spornt an zu lernen und nach Parametern Ausschau zu halten, die diese Sicherheit versprechen, Regeln und Gesetze zu erfinden, die diese Sicherheit gewährleisten sollen. Dies geschieht tagtäglich im Kleinen, bei jedem persönlich in seinem Alltag, als auch im Größeren, in der Gesellschaft, in der Politik. Mittlerweile dort sogar ganz besonders, denn irgendwie scheinen die bisherigen Regeln und Gesetze nicht auszureichen, um für eine mögliche Zukunft das Bedürfnis nach Sicherheit zu garantieren.

Immer diese doofen Unwägbarkeiten die das Leben einem auferlegt, die Komfortzone scheint in weiter Ferne, so viele Pläne und Vorhaben liegen auf Eis. Es wird einiges dafür getan, um dieses Eis zu schmelzen, es wird Feuer gespukt und Salz gestreut, vor allem und liebend gerne in offene Wunden, die in dieser Orientierungslosigkeit zu Tage treten.

Was geht hier vor – wer hat uns das angetan – wer hat daran schuld?

Es gibt eine persönliche Realität in der sich jeder einzelne Mensch bewegt, die manches Mal von einzelnen hinterfragt wird. Es gibt eine kollektive

Realität, die deshalb so unumstößlich wahr erscheint, weil ansonsten von jedem einzelnen alles hinterfragt werden müsste. Es müsste auch der Begriff der Schuld auf den Prüfstand gestellt werden. Es müsste die Frage gestellt werden, was der Unterschied zwischen Schuld und Verantwortung ist. Und das ist der entscheidende Punkt, der Grenzbereich zwischen irgendwelchen Realitäten und der Wirklichkeit. Manch einer wird sagen, das wäre dasselbe, nur ein anderes Wort. Fühl mal:

Bist du bereit Schuld auf dich zu laden? Bist du bereit Verantwortung zu übernehmen? Ist es das Gleiche?

Am Anfang war das Wort. Und es war gut. Dieses Wort hieß nicht Schuld. Dieses Wort hieß Verantwortung. Verantwortung für alles Erschaffene. Verantwortung über das Schöpfertum, dein Schöpfertum. Ein Geschenk. Damit war der Grundstein für unser Universum gelegt. Der Göttliche Wille. Dieser Göttliche Wille gewährt allem Erschaffenen die Erlaubnis und die Macht, wieder zu erschaffen. Die Macht zu erschaffen wohnt in jedem Lebewesen. Es ist keine Fähigkeit, sondern ein Grundprinzip der Schöpfung, das immer wirkt. Immer. Unter allen Umständen. Manifestation. Jeder deiner Gedanken ist Energie. Jedes deiner Gefühle ist Energie. Jedes Wort, das du sprichst, ist Energie. Diese Energien sind lebendig, weil du Schöpfergeist bist. Diese Energien werden in die Manifestation getragen, sie nehmen Gestalt an. Wenn dies der Göttliche Wille ist, dir dieses Schöpfertum zu gewähren, es dir, erschaffenes hohes Licht, in die Wiege zu legen, was glaubst du, was sollte dir dabei übergeben werden? Die Möglichkeit dich schuldig zu machen oder die Wahl Verantwortung zu tragen und dich darin zu erkennen?

Vielleicht magst du die Lektüre für ein paar Momente aus den Händen legen und diese dafür auf dein Herz. Fühle tief in dich rein, was sich für dich richtig anfühlt – vielleicht ist es dir möglich, deine Wahl zu treffen: Opfer oder Schöpfer – was bist du? Die Energie hinter dieser Entscheidung wird dich weitertragen.

Der Begriff der Schuld ist so geprägt und hat dich so geprägt, dass du unfrei bist. Denn wenn du dich schuldig gemacht hast, kannst du diese Schuld nicht von dir nehmen. Es braucht also dafür jemanden außerhalb von dir, z.B. einen lieben Beichtvater. Oder du wendest dich direkt an Gott, an Jesus dafür. Doch Jesus sagt dir: *„Noch bevor du darum bittest, ist dir vergeben."* Weil Schuld eine Illusion des Bewusstseins ist. Und diese Schuld, an die du glaubst, kannst du dir nur selbst vergeben. Niemand kann dir vergeben, wenn du dir nicht vergibst. Die Reihenfolge ist, dass du dir zuerst vergibst, dann ist dir vergeben. Jetzt wären wir wieder bei der Selbstliebe – fühlst du dich wert, dir zu vergeben?

Die Möglichkeit dieser Wahl nennt sich der freie Wille. Wer es wählt sich Schuld aufzuladen, sich Schuld aufladen zu lassen oder anderen Schuld aufzuladen, bewegt sich in den Schattenwelten. Bist du hingegen bereit die Verantwortung zu übernehmen, dann bist du frei. Dann erlaubst du es dir, die Erlösung anzunehmen, denn niemand kann dir diese bringen, wenn du es nicht erlaubst. Es gibt keine Erlösung von der Schuld, sondern nur die Erlösung von der Illusion der Schuld. Die Energien der Vergebung und der Erlösung gibt es ursprünglich gar nicht. Es sind sozusagen Energieströme, die erschaffen und zu uns gebracht wurden, um uns aus dieser Illusion zu befreien.

Ich weiß, dass in alten überlieferten Texten oftmals diese Verantwortung als Schuld übersetzt wurde. Sicherlich, an sich ist es „nur" ein Wort. Die Frage ist, welche Prägungen und Bewertungen liegen auf diesem Wort? Das Wort „Wolke" könnte genauso gut ein Schimpfwort sein, doch niemand benutzt es so, darum ist es das auch nicht – drum ist die Wolke frei. Bei Schafen sieht es schon anders aus. Drum haben sich die Schafe auch mit den Wolken verbündet zu Schäfchenwolken, damit sie nicht mehr so sehr diese ungerechte Beurteilung zu tragen brauchen. Die haben die Erlösung schon angenommen.

Um jetzt hier langsam mit diesem so geprägten Wort der Schuldigkeit zum Ende zu kommen – und es evtl. auch aus deinem Sprachschatz zu entlassen, wenden wir uns der Verantwortung zu. Denn das Göttliche ist in dir, es richtet und urteilt nicht über dich, es erinnert dich nur an deine Verantwortung. Und alles was dir im Leben widerfährt dient diesem Zweck. Alles was uns als Menschenfamilie widerfährt, dient diesem Zweck. Wenn diese Absicht hinter allem steht - uns erkennen zu lassen, dass wir göttlich sind – was ist Liebe?

Ist es nicht die pure Göttliche Liebe, die hinter allem steht? Die allgegenwärtig da ist und wacht, ohne uns zu bevormunden und zu manipulieren? Ohne uns zu entmündigen, uns unsere Schöpfermacht lässt und voll niemals versiegender Zuversicht auf uns vertraut? Dass wir den Weg finden, den Weg nach Hause. Darauf solltest auch du vertrauen, denn das wirst du. Zuhause bist du in dir, in deinem Gotteslicht und in allem, was du aus diesem heraus erschaffst.

Schöpfergeist + Schöpferkraft = Schöpfertum

Nicht aus jeder Idee wird ein Kind. Nicht aus jeder Bereitschaft wird ein Kind. Nur wenn die Absicht als männliches Attribut und die Urkraft als weibliches Attribut sich vereinen, passiert es. Absicht und Kraft vereint ist Liebe und erschafft Leben. Das ist im Kosmischen so und im Irdischen eben gleich. Wenn jeder Gedanke, jedes Gefühl, jedes Wort eines Schöpfers eine Energie ist, die zur Manifestation drängt, warum scheint es dann so, als blieben viele Wünsche unerfüllt?

Das hat mehrere Gründe. Der erste Grund ist eben, dass es nur so scheint. Der zweite ist, dass wünschen nicht viel mit Manifestation zu tun hat. Der Wunsch ist nur die Idee, der erste Schritt dazu. Der unbewusste Schöpfergeist ist ja ständig aktiv und manifestiert einfach hin und her. Er denkt, er wünscht, er wünscht nicht, er malt sich aus, er verdrängt, er glaubt, er zweifelt, er vertraut, er hadert und letztendlich glaubt er gar nicht wirklich daran, dass das Leben in seinen Händen liegt. Will es vielleicht auch nicht glauben, weil das hieße, er trüge Verantwortung für alles was ihm so „geschieht". Die Meinung, dass Dinge einfach so geschehen, aus einer Laune der Natur heraus, ist manches Mal einfacher zu ertragen als die frühreife Erkenntnis des eigenen Schöpfertums. Doch wenn sie reif ist diese Frucht, gereift unter der Sonne deines Herzens, dann kannst du sie mit den Worten: Amin nora de san – dein Wille geschehe, zurückhängen an den Baum der Erkenntnis.

Der dritte Grund, warum die Früchte des eigenen Denkens, Fühlens, Sprechens meist nicht als eigene Schöpfung erkannt werden, ist der zeitliche Versatz in den Raum-Zeit-Zyklen. Besonders im vergangenen Zyklus, der 2. Zeit, war dies sehr ausgeprägt. Dies war notwendig, damit wir ganz vergessen konnten, wer und was wir sind. Ich werde auf die Begriffe der Zeiten und Zyklen etwas später noch genauer eingehen, wenn wir wieder zusammen eine Reise unternehmen. Du als Reisender, dein innerer Goldener Engel als der Wächter über deine eigene Wahrheit und ich als Erzähler im Hintergrund.

Ich glaube an dieser Stelle ist ein kleiner Einschub sinnvoll. Wenn ich sage: ich lade dich ein, wieder gemeinsam auf Reisen zu gehen, dann gehe ich davon aus, dass du das erste Büchlein „ELISE – Funke des

Erwachens" gelesen hast und über jenes zu diesem gefunden hast. Was sehr gut wäre, weil ich vermeiden möchte, mich hier zu häufig zu wiederholen, um die großen Kosmischen Zusammenhänge zu erläutern. Ich nenne diese zwei Schriften „Büchlein" und auch das dritte und letzte, das kommen wird, wenn die Zeit reif ist, wird ein Büchlein sein.

Während dich das erste, das rot-goldene Büchlein, bis an den Anfang des uns bekannten Universums mitnimmt, durch die Epochen hindurch bis hin an die Schwelle, die sog. Nulllinie zur 3. Zeit, ca. im Jahre 2016, widmen wir uns hier den Erfordernissen der derzeitigen Übergangs-, der Durchgangsphase in die 3. Zeit. Vielleicht ist dir aufgefallen, dass es nicht Elise, sondern Elises heißt? Gegen Ende der Durchgangs-phase, wenn sich die Dimensionstore von Quin'Taas* öffnen und der Vollkommene Ton erklingt, wird das letzte Büchlein dieser Reihe erscheinen, im golden-blauen Gewande. Es wird die Visionen der Neuen Welt enthalten, die du als bewusster Schöpfer-geist mitgestalten wirst. Bitte versteh mich richtig, es geht dabei nicht um meine Visionen, auch nicht alleine um die deinen, sondern um die kollektiven Gottesgedanken der Menschenfamilie, die sich offenbaren werden. Diese sind um ein Vielfaches großartiger und beeindruckender als alles, was es jemals auf unserem Planeten gab. Und es gibt ein Feld der Energie, in dem sich diese bereits abzeichnen und lebendig werden, es nennt sich Quin'Taas.

Nun hat also das eingangs erwähnte JA des Kollektivs der Menschheit dazu geführt, dass der Kosmische Rat dem gefolgt ist und die Wiederanbindung des planetaren Magnetgitters an das Kosmische Magnetgitterfeld eingeleitet hat. Seit 20 Jahren überbringt die geistige Welt, die Hohen Lichter des Universums, an uns die Botschaft:

Wenn der Planet wieder an das Göttliche magnetische Feld angebunden wird, werden diese ursprünglichen Energien den großen Wandel bewirken. Viele Menschen werden Probleme mit der Atmung bekommen. Es werden Krankheiten ausbrechen, die die Menschen so schnell nicht unter Kontrolle bekommen. Es wird viel Verwirrung herrschen und alle Strukturen, die nicht auf der Liebe aufgebaut sind, werden in sich zusammenbrechen. Dies wird für eine kurze Zeit so sein und es wird nicht einfach sein. Doch was danach kommt, ist die Neue Welt, in der die Menschen in Frieden und Freiheit, in Liebe, in Fülle und vollkommener Gesundheit leben werden.

Diese Anbindung geschah im Februar 2020 und sie war vorangekündigt. Auch im ersten Büchlein hatte ich diese Transformation schon erwähnt, mit den Worten: Wie es sich zeigen wird, werden wir sehen. Nun sind wir mitten drin. Wie die geistige Welt solche Dinge benennt ist das eine, das andere ist, wie sie sich in der Dualität zeigen. Es gab viele verschiedene Szenarien, die in den großen Hologrammwelten jenseits der Dualität durchgespielt wurden. Klar war, dass es eine große Transformation geben wird, die jeden Menschen betrifft und die die Kraft hat, die Strukturen der Dualität aufzulösen. In diesen Szenarien war alles Denkbare dabei, von einem Kometenhagel bis zu einem Ausbruch eines Supervulkans, der alles lahmgelegt hätte. Ich kann nur sagen, dass diese Variante eines Virus eine der angenehmsten ist, die denkbar waren. Doch wer hat das so gewählt? Wir. Wir als große Menschenseele haben es so gewählt, zusammen mit unserem Planetenbewusstsein Lady Shyenna*.

Wir leben in einer holografischen Blase, der graue Ballon. Und wir sind Schöpfergeister, deren übergeordnete Intelligenz grenzenlos ist. Das hat nichts mit unserem kleinen Ich, unserem Alltagsbewusstsein und unserem Oberflächenverstand zu tun. Es ist das das Göttliche in uns, das uns alle verbindet, es ist die große Seele, die wir alle zusammen sind. Und diese Seele ist sich jederzeit bewusst, über die Raum-Zeit-Zyklen hinaus, bis in die höchsten Ebenen des Lichtes und bis in die letzte Zelle jedes einzelnen Lebewesens. Wir haben dieses energetische Programm, das wir Virus nennen, geschrieben und wir schreiben es auch noch weiter. Dieses Virus ist anders als alle anderen bisherigen Erreger, die es je gab. Denn an diesem Programm schreiben alle Menschen mit ihrem höheren Schöpfergeist mit, jeden Tag, nicht geografisch begrenzt, sondern global. Unser Oberflächenverstand wird dieses hochintelligente Programm nicht stoppen können – evtl. zeitlich etwas eindämmen – doch es kann gestoppt werden. Doch

NUR durch die Liebe, und all die Attribute der Liebe, die bereits Erwähnung gefunden haben, nicht durch Kampf oder sonst etwas.

Wir sind eine Einheit. So wie du mit deinem Lichtkörper, deinen Seelenkörpern, deinem physischen Körper und jeder Zelle eine energetische Einheit bist. Wenn deine Individualseele nach Befreiung und Erlösung strebt, nimmt sie auch in Kauf, dass du Schmerzen fühlst, wenn du dich ihr nicht hingibst, wenn du zu viele Umwege machst. Deine Seele, DU, tust das zu deinem höchsten Wohl, auch wenn das der Anteil von dir, der manches Mal noch glaubt nur Mensch zu sein, nicht für möglich hält. Genauso verhält es sich im Großen. Wir Menschen und Lady Shyenna, das Planetenbewusstsein, sind eine untrennbare Einheit. Und diese Einheit hat beschlossen, dass diese große Transformation zu Ende geführt und in die Erlösung führen wird. Es gibt noch 1001 Möglichkeiten, an die wir heute noch gar nicht denken. Schon ein kleiner, durch das Element Wind schräg gestelltes Containerschiff im Suezkanal ist in der Lage, fast einen Kollaps herbei zu führen. Wie ein Blutgerinsel an der richtigen Stelle. Und wir und unser Planetenbewusstsein kennen jeden einzelnen neuralgischen Punkt. Was wäre, wenn ausdehnende magnetische Felder großflächige Stromausfälle zur Folge hätten? Ich weiß es auch nicht was kommt, was WIR uns „ausdenken" um die Illusion abzuschütteln. Kein einzelner kann es genau wissen, auch die geistige Welt nicht, weil es eine kollektive Entscheidung ist, und jeder Mensch trifft diese Entscheidung ein Stück weit mit, als Teil der großen Menschenseele.

Diese große Seele ist auch Schöpfergeist und manifestiert eine Realität, die dazu geeignet ist, den grauen Ballon aufzulösen und alles Lebendige in den rosaroten Ballon zu bringen. Ich bin sehr dankbar und es erfüllt mich mit Stolz, ein Mensch zu sein, denn dieses große Bewusstsein der Menschen ist so voller Liebe. Ebenso liebevoll, achtsam und weise ist unser Planetenbewusstsein. Wir haben den Vergleich mit 4 anderen Planeten, die auch einst aus den magnetischen Bahnen gefallen sind und diese Reise nach Hause bereits vor uns angetreten sind. Zwei dieser Planeten haben den Übergang relativ leicht vollzogen, diese waren jedoch bei weitem nicht so sehr von der Dualität betroffen, sie waren nicht so weit vom Magnetgitterfeld des Universums abgespalten wie die anderen. Einer hat die Durchgangsphase ähnlich erlebt wie wir jetzt, jedoch mit der zentralen Herausforderung der Wasserknappheit. Dies wird bei uns wohl nicht mehr so sehr in den Mittelpunkt rücken, wir haben einen anderen Weg gewählt. Und es ist ein (noch) relativ sanfter Weg, der uns jedoch nicht gewähren wird, weiter zu machen wie bisher. Einer der Planeten hat die impulsive Art des Übergangs gewählt, dort sind immer noch die atlantischen Energien vorherrschend, auch wenn das dort anders benannt wird. Sie haben diesen Sprung aus der männlichen Energie heraus vollzogen. Das Planetenbewusstsein dieses Planeten ist zudem ein männliches, dort zeigt es sich besonders heftig. Dort haben sich die Szenarien gezeigt, die mit mächtigen Beben, abrupten Verschiebungen der Planetenachse, und der vollen Bandbreite der Elemente einhergehen. Wir würden nicht tauschen wollen, so viel steht fest.

Unser Planetenbewusstsein Lady Shyenna hingegen trägt ein weibliches Grundmuster der Energie und ist dadurch zwar etwas träger, dafür aber sehr sanft und fürsorglich und möchte Leid für die Menschen so gut es geht verhindern, wie Mütter halt so sind. Darum hat unser Planet auch das Zeitfester des Übergangs so lange wie möglich ausgeschöpft und auch immer wieder Pausen in der Ausdehnung der Energie eingelegt. Was uns die Möglichkeit und den Raum gab, zu reflektieren und möglichst viele Menschen in das Bewusstsein des Erwachens zu tragen. Dennoch liegt es alleine an uns, wie intensiv es noch wird.

Es ist jetzt die Zeit, in der es keine Pausen mehr gibt, die Anbindung an die Urenergie des Universums, das Nyoonische Licht, hat stattgefunden. Dies war ein kosmisches Ereignis, das es bisher noch nie gab. Zum ersten Mal wurde eine Ausschüttung einer Urenergie, pure Gottesgedanken, direkt in unser Universum gebracht, welches das jüngste ist. Der Atem Gottes hat für einen Moment seine Flussrichtung geändert und nicht zuerst in das älteste Universum, Quadril 5, ausgeatmet. So war es bisher, und von dort wurde die Urinformation weitergeleitet in die anderen Universen, zuletzt und nur noch in abgeschwächter Form in unser Universum. Alleine schon für das Universum ist dies ein solch einschneidendes Ereignis, das eine große Umstrukturierung mit vielen Verschmelzungen zur Folge hat. Doch dass diese Urinformation, das Nyoonische Licht, zur Anbindung unseres planetaren Magnetgitters verwendet wurde, ist etwas unvorstellbar Schönes. Es ist ein Segen, der uns vieles erleichtern wird. Dies ist eine Besonderheit, die letztlich nur dadurch möglich ist, weil Jesus Christus, Gottes Sohn, auf unserem Planeten inkarniert war und viele Vorbereitungen getroffen hat. Und es ist sehr wahrscheinlich, dass auch du dabei warst, diese Vorbereitungen mit ihm zusammen zu treffen. Doch dazu später mehr.

* ~ *

Das ist es, was geschieht. Alles andere das sich zeigt sind nur Auswirkungen dessen. Darum macht es wenig Sinn zu versuchen, die alte Welt zu reparieren, die Risse im grauen Ballon zu kitten und ihn wieder aufzupusten. Das ist nicht möglich. Doch das ist es, was viele Menschen noch händeringend versuchen. Sie würden loslassen und zum großen Tor gehen, wüssten sie, dass es eines gibt. Darum sollten wir niemandem, keinem Menschen, keinen Regierungen, keinen Organisationen, keinem System, die Schuld geben. Wir erleben das als große Menschenseele, und jeder erlebt es als Individuum. Es ist der Lauf der Dinge, der von Anfang an klar war. Es war klar, dass nichts Unwirkliches Bestand haben kann. Er war dir klar, darum bist du seit Urzeiten hier inkarniert, um den Planeten nach Hause zu begleiten. Darum, dafür, hast du durchgehalten, genau um diese Zeit jetzt zu erleben. Versuche sie zu genießen. Hab Mitgefühl mit jenen die noch nicht wissen, die es noch nicht fühlen, die nun Ängste und Sorgen haben. Wenn sie es dir erlauben, unterstütze sie und nimm sie bei der Hand. Du bist das Beste, was unser Planet Sol'A'Vana* trägt. Es wird die Zeit kommen, in der wir das als große Menschenfamilie zu uns selber sagen werden, mit Freude und voller Stolz, dass wir es geschafft haben, dass wir es vollenden konnten.

Doch auf dem Weg dorthin sollten wir uns vor Augen halten, dass es ja höheres Ziel ist, den grauen Ballon in die Nicht-Existenz zu bringen, soll heißen die Dualität, die Illusion aufzulösen. Dieser graue Ballon und alle Strukturen und Konstrukte darin werden pulverisiert und transformiert. Nicht wir, die Lebewesen auf dem Planeten, sondern nur die Welt, die wir aus der Illusion des Getrenntseins erschaffen haben. Es ist das Ziel, alles was lebendig ist, in den rosaroten Ballon zu transferieren.

Jetzt ist das Ganze mit den Ballons ja nur eine Metapher, die du dir jetzt dreidimensional vorgestellt hast, also räumlich. Bestimmt hast du dabei einen weiteren Faktor, die lineare Zeit, auch miteinbezogen und dich gefragt, wie lange das wohl dauern wird. Das kann nicht gesagt werden. Diese Übergangsphase dauert so lange, bis der letzte Mensch im rosaroten Ballon ist, erst dann ist sie vollständig abgeschlossen, wenn es nur noch die EINE Wirklichkeit gibt. Jede Entscheidung die du für die Liebe und das

Mitgefühl triffst, beschleunigt es. Jeder Kampf den du nicht kämpfst, jeder Umweg den du vermeidest, und jedes Vertrauen und jede Zuversicht die du aussendest, beschleunigt es. Jedes mutige Wort der Liebe das du sprichst, ja sogar jedes Lächeln das du schenkst macht es leichter. Für dich persönlich und für den gesamten Planeten. Manche meinen, das kann ja noch ewig dauern, die Menschheit wäre bei weitem noch nicht so weit. Das glaube ich nicht, die Lichtkörper der meisten Menschen sind schon weiter ausgedehnt, als man auf den ersten Blick erkennen kann. Da braucht es gar nicht so viel, bis diese Energien in das Bewusstsein dringen. Oft nur eine Erkenntnis der Liebe. Die Schleier sind so dünn.

Ist Quin'Taas, die 5. Dimension dann noch materiell? Überall wo Raum ist, ist die Energie auf irgendeine Art strukturiert. Das ist Materie. Doch es ist eine wesentlich höher schwingende Materie, als sie noch vor 30 Jahren war. Das ist heute schon so, wir bemerken es nur nicht, weil auch wir höher schwingen. Würde ein Zeitreisender aus dem Jahre 1987 ins Heute reisen, könnte er vermutlich nicht ein Glas Wasser in der Hand halten, er würde teilweise durchgreifen, es wäre für ihn nicht ganz so konsistent. Doch diese Überlegung ist nur hypothetisch, weil wenn er mit der Schwingung seines Körpers aus 1987 hier ankommen würde, würde er gegrillt werden. So sehr haben wir uns, von den meisten unbemerkt, bereits an die wesentlich höhere Frequenz angepasst. Und das wird in Quin'Taas wieder so sein. Die

Dinge werden selbstverständlich erscheinen, weil wir ja mitwachsen im Bewusstsein und in unserer Schwingung der Zellen. Doch würdest du jetzt mit deinem Originalkörper – das erkläre ich später noch genauer – durch das Tor gehen, würde der im Moment auch noch gegrillt. Darum geht es nur Schritt für Schritt, sich immer weiter energetisch auszudehnen, sich immer weiter spirituell zu entwickeln, bis man mit all seinen Aspekten, inklusive dem Körper, durch das Tor gehen kann.

Das hört sich jetzt etwas hart an, doch diejenigen die glauben, es nur abwarten zu brauchen, nichts dafür tun zu brauchen, die werden irgendwann unter erhöhtem Leidensdruck bemerken, dass sie einfach nicht aus dem grauen Ballon rauskommen, weil es dafür den Mut braucht, alles loszulassen und den Wandel in die Energien der Neuzeit zuzulassen, eben auch sich aktiv energetisch-spirituell weiter zu entwickeln. Oder dass sie es zwar so sehr fühlen können, wenn sie vor dem Tor stehen, evtl. auch manchmal hineinblicken können, aber dabei ihr Körper beginnt viele Symptome zu entwickeln, weil das alte Meridiansystem und ihre Zellen einfach diese Energie noch nicht annehmen und halten können. Daraus entstehen Energieschmerzen, das meinte ich vorher mit sich gegrillt fühlen.

Viele Menschen haben Angst vor radioaktiver Strahlung, Handystrahlung, 5G usw. Doch diese Strahlungen machen uns zunehmend weniger aus, weil wir immer durchlässiger werden. Es sind die sich stetig erhöhenden Strahlungen der Wirklichkeit, der 5. Dimension, an die wir uns anpassen müssen. So viele unerklärliche Symptome kommen daher, nicht so sehr von Umwelteinflüssen der alten Welt, sondern von den fordernden Energien der Neuen Welt, die bereits einstrahlen. Nur wenn man das nicht weiß, welche Schlüsse soll man dann ziehen? Ein Beispiel: Die einen sagen Handynetz 5G ist extrem schädlich für uns, die Betreiber sagen, der Zusammenhang ist nicht nachgewiesen. Und so ist es auch. Klar ist es nicht gesund wie ein Apfel, und wenn man sich dem extrem aussetzt, ist es wie Mikrowelle. Aber die Gründe für unsere vielen neuen körperlichen Symptome, allgemein als Krankheiten bezeichnet, sind sog. Lichtkörpersymptome, Energieschmerzen, Anpassungsschmerzen, Transmutationswehwehchen. Das was unser Energiesystem am meisten belastet, ist der Lärm, dass kaum wo je Stille ist, in der die Seele atmen kann. Vor allem in den Gedanken ist dieser Lärm, das kollektive Gedankenwirrwarr.

Die meisten Menschen beziehen alles auf das, was ihnen bekannt ist, was sichtbar, messbar ist. Doch die Ursachen sind völlig anderer Natur. Sie liegen auf der Metaebene. Darum gibt es für menschliche Probleme auch keine menschlichen Lösungen. Es war eine Illusion, dass das schon mal so gewesen wäre, es war noch nie so. Doch in den alten, früheren Energien konnte man es zumindest immer noch eine Zeit lang so aussehen lassen. Probleme, oder besser Fragestellungen, wurden immer nur verschoben, sie wurden nie gelöst. Jede scheinbare Lösung hat nur noch x weitere Probleme entstehen lassen. Jetzt ist die alte Welt an einem Punkt, wo all das zutage tritt. Wo man gar nicht mehr weiß, wo man ansetzen soll, weil alles so ineinander verstrickt ist, dass es niemand mehr auch nur annähernd entwirren kann.

Doch das braucht es auch gar nicht. Die Lösung liegt IMMER auf der nächsthöheren Ebene, der Metaebene. Die Metaebene ist die spirituelle Ebene. Und nicht nur die rein spirituelle Ebene wie in Atlantis, sondern die spirituell-menschliche Ebene. Das ist die höchste Form der Spiritualität, die es je auf unserem Planeten gab, denn sie bezieht die Menschlichkeit mit ein und die Verschmelzung von beidem ist die Menschlichkeit in Vollendung. Nun liegt die Lösung für alles also auf dieser Ebene. Für uns ist das jetzt mal die 5. Dimension. Für die, die in der 5. Dimension leben, die 6. Dimension, usw. Auch wenn in der 5. Dimension niemand mehr von Problemen sprechen wird, werden doch immer Fragen, die sich zeigen durch die Ausrichtung auf die nächsthöhere Ebene beantwortet werden. Die Illusion, in der wir so lange waren, und das Kollektiv der Menschen mental immer noch ist, ist, dass die Anwesenheit einer höheren Ebene nicht anerkannt wird.

Darum brauchen wir nicht darauf zu warten, dass irgendwer diese Probleme der alten Welt löst. Es gibt niemanden der das kann. Denn so wie sich das viele vorstellen, würde das bedeuten, die Illusion durch den Oberflächenverstand in den Status der Wirklichkeit zu erheben, also den grauen Ballon rosarot anzumalen und so zu tun als wärs das. Die Lösung ist, dass jeder Mensch nach und nach sich seines spirituellen Wesens bewusst wird und seiner Seele folgend den Weg zum Tor geht, auf seinem Weg viele mitnimmt und dann vor dem Tor in die nötige Demut und Selbstliebe geht, um es durchschreiten zu können.

Ich finde es an der Stelle noch gut, etwas zur Demut zu sagen. Auch ein Wort, dass durch viele menschliche Prägungen belastet ist. Die Energie der Demut bedeutet, dass du dir deiner Göttlichkeit bewusst bist, sie annimmst. Dass du den Satz: „Ich bin Gott in Tätigkeit auf Erden" zu dir selber sagen kannst, ohne dass du das als Gotteslästerung empfindest. Denn in Wahrheit ist es Gotteslästerung, deine Göttlichkeit zu verneinen. Demut bedeutet aber auch, dir bewusst zu sein, dass du eingebunden bist in etwas noch viel Größeres, dass du ein Teil der Göttlichkeit bist. Dass dieser Teil aber nicht weniger göttlich ist deswegen. Demut bedeutet deine Größe zu fühlen, ohne dich über andere zu stellen, weil diese ebenso groß und göttlich sind. Demut bedeutet so viel Größe, dass du keine Demütigung empfindest, wenn du anderen dienst. Demut führt in die Selbstliebe.

Wovor viele Menschen Angst haben ist, dass sie auf dem Weg zu ihrer Größe in das Ego abrutschen und dem Größenwahn verfallen. Doch wenn du immer die Achtsamkeit vorne anstellst, dass jeder Mensch dasselbe Göttliche Licht in sich trägt wie du, dann kann das nicht passieren.

Betrachtungen

Ich möchte nicht zu sehr und im Detail auf das derzeitige Weltgeschehen eingehen. Es ist ein Wirrwarr und niemand, auch wenn er noch so davon überzeugt ist, kann darin einen Sinn oder die Wahrheit finden. Kein Kampf für oder gegen etwas kann sich wirklich lohnen. Viele kämpfen für eine Sichtweise, eine persönliche Herzensangelegenheit, für Gerechtigkeit, aus ihrer Sicht heraus. Das kann aber nicht die Lösung für das Ganze sein, sondern nur eine angestrebte Lösung für die eigene Weltsicht. Und letztendlich verstärkt es das Chaos nur, weil jeder Mensch eine andere Sicht hat für die er kämpft. Es wird immer Menschen geben die meinen, kämpfen zu müssen und das ist in Ordnung so. Doch du solltest nicht mehr kämpfen, weil du es besser weißt.

Einige Betrachtungen dieser Zeit der Übergangsphase möchte ich der Vollständigkeit halber hier anstellen. Ohne, dass diese Anspruch auf Vollständigkeit haben, denn es gibt unzählige Einzelschicksale und jeder Mensch erlebt diesen Wandel, diese große Transformation, für sich anders.

* ~ *

Diese große Transformation, ausgelöst durch unsere gemeinsame Manifestation, das Coronavirus, hat bisher wundervolle Arbeit geleistet und uns einen Riesenschritt nach vorne Richtung Ausgang, in Richtung des Tores gebracht. In der ersten Welle, als vieles stillstand, mal wirklich eine gefühlte Stille eintrat, die quietschenden Hamsterräder fast verstummten, gab es ein kollektives Aufatmen. Viele Menschen konnten intuitiv fühlen, dass etwas sehr Großes geschieht. Plötzlich wurde für einige Zeit der Blick dafür frei, dass dies die Welt verändern könnte. Man horchte in sich hinein und kam zu dem Schluss, dass das nicht verkehrt wäre, weil die Welt, so wie sie ist, ja keinesfalls ideal ist. Es gab eine Welle der Hoffnung, die Seele wurde von vielen wahrgenommen, die ja diese Veränderung sich so sehr wünscht – die eigene Seele und die der Menschenfamilie. Viele Missstände rückten ins Blickfeld und enttarnten die zuvor für ganz normal empfundene Realität der Illusion etwas. Eine Welle der Hilfsbereitschaft, Dankbarkeit und des Mitgefühls wurde ausgesendet, für jene, die alles gaben, z.B. in den Spitälern und auch für jene, die in existentielle Schwierigkeiten kamen. Man freute sich wieder mehr über Kleinigkeiten, die man zuvor für selbstverständlich hielt.

All das sind Energien, es sind jene Energien, auf die die geistige Welt, die hohen Lichter des Universums blicken, sie erkennen und darauf reagieren. Solche Energien, die wir als Kollektiv aussenden bedeuten: JA – wir sind bereit für weitere Anhebungen und Veränderungen. Diese Energien werden dann genommen, gebündelt und in den rosa Ballon geleitet, der sich dadurch noch mehr ausdehnt. Doch dadurch presst er natürlich den grauen Ballon noch mehr zusammen. Ganz vereinfacht gesagt wird es so lange so weitergehen, bis nur noch der rosa Ballon – die Wirklichkeit - existiert. Es ist im Prinzip ein ganz einfacher und immer folgerichtiger Vorgang, der unumgänglich ist. Dieser Vorgang hat 1987 bei der Harmonischen Konvergenz begonnen. Er ist in die nächste Ebene übergegangen 2003, bei der Harmonischen Konkordanz und hat seinen Höhepunkt 2014 erreicht mit der Entzündung der planetaren Energie des Vertrauens, des Lichtkristalls MONA'OHA. Das war das Großartigste, was es bisher auf unserem Planeten gab. Es bedeutet: Wir haben es geschafft. Nichts kann damit die Heimholung und Wiederanbindung des Planeten mehr verhindern. Alles was danach kommt, ist einfach nur die Zeit des Übergangs. Seither hat sich dieser Prozess noch mal enorm beschleunigt, und tut das weiterhin. Bis an das Ende der Zeit. Das bedeutet, bis die lineare Zeit aufhört zu existieren. Das Raum-Zeit-Kontinuum der alten Welt endet damit und das ist einerseits das Ende der Welt wie wir sie kennen, doch andererseits die Geburt der Neuen Welt, der Wechsel der Dimensionen.

Während der dritten Welle hat sich die Einstellung der Menschen etwas geändert. Der viele Verzicht, als auch die nunmehr immer stärkeren und umfassenderen Veränderungen, Verwirrungen und Einschränkungen wurden von vielen als negativ und belastend empfunden. Ich glaube viele dachten, das war mal eine schöne Abwechslung und bald wird alles wieder so sein wie es war. Die Dauer des Ganzen führt nun immer mehr dazu, dass sich eine Verunsicherung breit macht, ein Unbehagen, weil die Komfortzone nicht mehr in Sichtweite ist, auch finanzielle Existenzen auf dem Spiel stehen. Zudem offenbart sich immer mehr, wie wenig der moderne und aufgeklärte Mensch wirklich tun kann mit seinem oberflächigen Bewusstsein und der daraus entstandenen Technologie und Medizin. Wie schon beschrieben, das Bemühen, das eine Problem zu lösen, generiert 10 neue Probleme. Auch das Vertrauen in die Führungskräfte, die sog. Elite und in die Politiker schwindet, und damit die Hoffnung, dass die schon wissen was zu tun ist und das Ruder schon herumreißen werden. Mal ganz abgesehen von allen anderen Herausforderungen, die ja trotz Corona auch noch da sind, wie z.B. die Veränderung des Klimas mit allen Konsequenzen. Zudem die Probleme, die durch Corona sich vorüber gehend erst mal verstärken, politischer, wirtschaftlicher, religiöser und sozialer Natur, und, und, und...

All das ist für viele Menschen zu einem Albtraum geworden, aus dem es scheinbar kein Erwachen gibt. Doch, und du weißt es mittlerweile, das IST das große Erwachen, zumindest der Beginn. Dadurch finden jetzt so viele Menschen wie nie zuvor zu ihrer Spiritualität und damit in eine höhere Perspektive. Sie sind die Säulen der Neuen Welt und die Lotsen, die alle Menschen nach und nach dort hinführen werden. Ich will auch gar nicht mehr zu sehr auf Corona eingehen, weil es keine große Rolle spielt, was es ist, was die Veränderungen bringt. Es kann sein, dass Corona dann, wenn du dieses Büchlein liest, gar nicht mehr so DAS große Thema ist. Es kann sein, dass nach etlichen Wellen hier und da auf dem Planeten es der Menschenfamilie schon gelungen ist damit zu leben, bzw. es einigermaßen einzudämmen. Doch unser kollektives Weiterentwicklungsprogramm wird neue Wege finden, das unwirkliche Leben so schnell es geht zu Ende zu führen, um Platz für das ursprüngliche Leben zu machen.

Ich habe länger überlegt, ob ich das Folgende hier mit reinnehmen soll, doch ich glaube es dient dem Verständnis und ist in der Lage, alte Ängste zu lösen. Ein Überblick über den Vorgang des sogenannten Aufstiegs unseres Planeten.

Seit der Zeit nach Jesus rutsche das Bewusstsein auf dem Planeten auf den tiefst möglichen Stand, das völlige Vergessen trat ein. Es wurde sogar in Frage gestellt, ob es Gott gibt – das gab es zuvor seit Anbeginn der Zeit bis dahin noch nie, diesen Zweifel am Göttlichen. Bis hin zu 1987 war unser geliebter Planet Erde in der dichtesten Energie die möglich ist, um bewusstes Leben überhaupt zu ermöglichen, in der dritten Dimension, in der wir uns in einem Raum mit Länge, Breite, Höhe erfahren haben und der linearen Zeit ausgeliefert. Mit der tiefen Überzeugung, nur Mensch zu sein, im Großen und Ganzen in erster Linie als Körper, der ein gewisses Gehirn entwickelt hat.

Dann 1987 die Harmonische Konvergenz – das Signal ans Universum, dass die Menschheit bereit ist für die Aktivierung der ersten Lichtkörperstufe. Dann

2003 – ich erinnere mich noch so gut – als bereits ca. 2 Jahre zuvor die geistige Welt uns davon berichtete, dass sie damit begonnen haben, die 4. Dimension, die astrale Ebene, zu räumen. Das war das erdgebundene Dimensionsfeld, in dem sich viele Menschenseelen nach ihrem Sterben wiedergefunden haben. Denn beim Sterben haben sie ihr mentales Feld mit allen Sorgen, Ängsten, Illusionen dorthin mitgenommen. Erinnere dich, jedes Lebewesen trägt das Schöpfertum in sich. Plötzlich war aber in der 4. Dimension die Linearität der Zeit nicht mehr gegeben. Auch nicht der zeitliche Versatz wie in der 3. Dimension, wo es fast unmöglich war, sich als Schöpfer zu erkennen, weil die Manifestation der eigenen Gedanken oft erst viel, viel später eingetreten ist – oft erst einige Inkarnationen später. Doch in der 4. Dimension geschah das mit sofortiger Wirkung. Jetzt stelle dir mal vor, was geschieht, wenn sofort alles, was du denkst und fühlst, real wird. Das kann Himmel oder Hölle bedeuten. Wenn ein Mensch in innerem Frieden, voller Dankbarkeit und mit lichtvollen Gedanken gestorben ist, konnte er gleich in die hochschwingenden Bereiche der 4. Dimension wechseln, von wo es nur ein kleiner Schritt in die Bereiche der Wirklichkeit war, wo er dann von den Engeln abgeholt wurde, um in die Hallen von Shambala* gebracht zu werden für einen tiefen Heilungsschlaf. Danach machte sich die Seele für die nächste Inkarnation bereit. Das war das Karmische Rad und auch du hast es tausende Male durchlaufen. Die Betonung liegt auf „war", denn das Karmische

Rad der ständigen Wiedergeburt gibt es seit 2003, mit Räumung des astralen Bereiches, nicht mehr. Dieser astrale Gürtel, die 4. Dimension, musste damals aufgelöst werden, weil sich die Planetenenergie sonst nicht hätte ausdehnen und erhöhen können. Weil es den astralen Bereich dann nicht mehr gab, und das Rad der zwingenden Wiedergeburt außer Kraft gesetzt war, wurden ab da Verstorbene sofort von den Engeln in die Hallen von Shambala getragen, so ist es auch heute noch.

Ich glaube du kannst dir mit diesen Erklärungen gut vorstellen, woher der Begriff der Hölle kam. Es ist nicht völlig aus der Luft gegriffen, diesen Bereich gab es. Doch dort wurde niemand von irgendjemandem bestraft für seine Sünden, sondern dort manifestierte sich das Bewusstsein des Verstorbenen 1:1. Je liebloser ein Mensch in der dritten Dimension abgelebt hatte, umso liebloser zeigte sich ihm dann dieser Bereich. In diesem wurde er mit allem was er in sich trug, unmittelbar konfrontiert. Doch nicht für ewig, weil die direkte Manifestation jedes Gedankens eine sehr lehrreiche Erfahrung ist und einem die eigene Schöpferkraft aufzeigt. Immer wurde dann der astrale Bereich mit Licht und Liebe geflutet, spezielle Engel sind darin eingetaucht, um diese Seelen zu schulen und ihnen die Möglichkeit zu geben, ihre Schöpferkraft auf das Licht auszurichten. So haben sie sich in der Regel schnell weiterentwickelt und konnten, wenn sie so weit waren, in die Hallen von Shambala gebracht werden. Warum hat das eine Relevanz für das jetzt, wenn es das doch nicht mehr gibt?

Weil diese 4. Dimension, mit ihrer Gesetzmäßigkeit der stetig ansteigenden, zeitlichen Unmittelbarkeit das ist, was wir hier in der alten Welt, im grauen Ballon erleben. Wir befinden uns jetzt – die einen mehr, die anderen weniger, je nach Bewusstseinsstand – im astralen Bereich. Das kann die Hölle sein oder auch der Himmel, je nachdem welche Gedanken du denkst. Je nachdem, worauf du dich ausrichtest. Gibst du deine Energie der Sorge und der Angst, dem Kampf, den Schuldzuweisungen, den Verschwörungsgeschichten, der Negativität, oder gibst du sie dem Vertrauen, der Zuversicht, dem Mitgefühl, der Liebe? So, wie es einst im früheren astralen Bereich war, ist es jetzt auch in diesem astralen Bereich: Die Menschheit durchläuft eine Expressschulung in Sachen Schöpfergeist. Dies beinhaltet, die Verantwortung für seine Gedanken und Manifestationen zu übernehmen. Daran zu wachsen und immer näher an das Tor, an den Übergang zum rosaroten Ballon zu treten.

Dann, der dritte wichtige Zeitpunkt war 2014, als der Lichtkristall MONA'OHA, die Energie des Vertrauens, sich entzünden konnte. Dieser wurde eingebettet in Israel, auf dem Berg der Seligpreisungen. Dies bedeutete, dass die Menschen aus sich heraus diese Energie erzeugt hatten und diese ausreichte, diesen Kristall, den Jesus einst dort hinterlassen hatte, zu entzünden. Das war letztendlich der Aufstieg unseres Planeten und der Menschheit. Das war, was Jesus meinte: *„Ihr werdet mein Werk vollenden."* Ab da war klar, dass der Planet in die neue Dimension gehen wird und nichts und niemand das mehr verhindern oder groß verzögern kann. Damit endete ein Zyklus und ein neuer konnte beginnen, die 3. Zeit begann. Es gab noch nie einen größeren Jubel, zumindest von denen, die wussten was geschehen war. Es wurde ein energetischer Prozess in Gang gesetzt, der so großartig ist, dass es nicht gesagt werden kann. Der rosarote Ballon, Quin'Taas, nährte sich, wurde immer lebendiger. Der Anfang dieser 3. Zeit wird die Übergangs- oder Durchgangsphase genannt. Dort sind wir nun mitten drin, eben die ganze Geschichte, wie in der Metapher der Ballone vorhin beschrieben.

Dann, vor relativ kurzer Zeit, die Wiederanbindung des Planeten an das Magnetgitternetz des Universums, zu Beginn des Jahres 2020. Die Auswirkungen sind es, über die ich noch ein paar Worte schreiben möchte.

Alles verändert sich. Noch können sich die meisten nicht vorstellen, dass sich wirklich alles verändern wird. Dass diese Welt nie mehr so sein wird wie zuvor, und am Ende der Durchgangsphase nichts mehr im Entferntesten an das erinnern wird, was wir kannten. Unsere Vorstellungen, was das Menschsein ausmacht, werden wir loslassen und uns als Göttliche Menschen voller Freude komplett neu entdecken. Mit allen Fähigkeiten, auf die wir dann Zugriff haben werden. Wir werden es wieder lernen zu zaubern, mit einem freudvollen, kindlichen Staunen.

„Selig sind die geistig armen." Ich habe jetzt schon einige Male aus der Bibel zitiert, ich werde nachher dazu

noch etwas schreiben. Über diese Aussage lacht die aufgeklärte Welt, weil sie sie nicht versteht. Es ist eine alte, einfache Sprache, wir denken heute viel komplizierter und fühlen uns geistig reich, geistreich dabei. Doch es ist genau anders herum. Der Oberflächenverstand ist die größte Hürde, die es zu überwinden gibt. Mit ihm wirst du nie selig – glückselig, werden, weil er immer ein „Aber" kennt. Die obige Aussage bedeutet: Lasse deinen Verstand in den Hintergrund treten und höre nur auf dein Herz. Nächstes Bibelzitat: *„Werdet wie die Kinder und ihr werdet eingehen in mein Königreich."* Wer versteht denn diesen Satz wirklich? Der ernst- und gewissenhafte Bibelstudent meistens nicht. Jesus sagt damit: In der Neuen Zeit, die ich eingeläutet habe, wird es die Freude und Leichtigkeit sein, die dich mir näherbringt.

Eben das ist ein Merkmal in den Neuen Energien, dass die Spiritualität aus der Freude heraus, mit dem inneren Kind gelebt werden soll, ohne Regeln und ohne Dogmatismus, in Freiheit. Und das System, das wir uns aufgebaut hatten und das nun endet, hat kaum Raum für diese Kindlichkeit gelassen. Weder im täglichen Leben, als auch nicht in der Spiritualität, im sogenannten Glauben. Kaum Toleranz, viel Verbissenheit. Begonnen mit der Schulbildung bis hin zum Sterbebett war das Leben meistens eine sehr ernste Angelegenheit – eben kein Wunschkonzert. Doch das wahre, das ursprüngliche Leben ist ein Wunschkonzert. Denn hat das Leben erst einmal erkannt, dass du erwacht bist, tut es alles für dich, erfüllt dir deine Herzenswünsche. Du bist das Leben.

Wir sprachen grade über die Kinder. Oft höre ich Argumente, dass diese großen Veränderungen jetzt so schlimm seien, vor allem auch für die Kinder und Jugendlichen. Die Kinder, ihre Seele ist genau so alt wie die deine. Und sie sind nicht mehr oder weniger unschuldig wie du. Wir alle sind unschuldig. Jedes Kind hat, wie du, im Universum die bewusste Entscheidung getroffen, jetzt hier dabei zu sein, wissend, was bevorsteht. Sie haben eingewilligt, und jedes hat seine Aufgabe, so wie du auch. Sie haben noch einen kleinen Körper und keinen so ausgeprägten Verstand – ob sie den überhaupt noch haben wollen, brauchen werden? Die armen Jugendlichen, sie erleben kein „normales" Leben mit all den wunderbaren Sachen und Möglichkeiten, die wir noch hatten? Das sieht nur aus der Ich-Bin-Nur-Mensch-Perspektive so aus. Denn all diese wunderbaren Sachen haben uns in der Illusion festgehalten, haben uns abgelenkt von unserem wahren Sein. Ich möchte sogar so weit gehen, dass ich das ein klein wenig in Frage stelle, woran sich so viele Menschen festhalten, vor allem die, die nicht an Gott glauben: die Kunst, die Kultur, die Traditionen. All das beschreibt ja hauptsächlich die Welt des Menschen in der Illusion, in all ihren Facetten. Mit aller Tragik, mit aller Freud und allem Leid. Es ist wie eine Anleitung für ein Leben, das nie das wirkliche Leben war. Lange war das alles wichtig für uns, solche Ersätze zu haben. Erinnere dich an die menschliche Liebe, die nur ein Ersatz ist für die universelle Gottesliebe. Doch wenn diese zugänglich ist, wenn das Tor der Mystik in einem aufgeht, wo es Welten und Farben und Töne gibt, die alles andere in den Schatten stellen, warum dann am alten festhalten? Ich weiß ja schon, dass die Kunst, nehmen wir mal die Musik, sofern sie höher inspiriert ist, auch die Aufgabe hat, Menschen an das Göttliche zu erinnern. Doch wir werden in der Neuen Welt höher schwingende Erinnerungen brauchen als jene, die bisher zugänglich waren. Es gibt halt auch viel sogenannte Kunst, die sehr mental, intellektuell geprägt ist. Wahre Kunst beinhaltet immer das Attribut der Schönheit. Und wenn sie die Liebe in sich trägt, ist sie schön. Die Künstler werden immer die Künstler sein und immer gebraucht werden, nur der lebendige Ausdruck der Kunst wird sich ändern.

Bei Jugendlichen, wenn sie eine Zeit erleben, wo sie nicht das tun können was typische Jugendliche halt so taten, werden innerhalb kürzester Zeit Muster unterbrochen, die sich sonst oft über Generationen nicht änderten. Muss ein Jugendlicher alles erleben, was wir erlebt haben, damit er glücklich werden kann? Sind wir, die das erlebt haben glücklich? Wirklich glücklich? Wir sagen: Alles was ich erlebt habe, auch wenn es negativ war, hat mich stärker gemacht. Doch in Wahrheit hat es zumeist nur abgebrühter und defensiver gemacht, hat viele Muster des Schutzes und viele Masken hervorgebracht. Jede Enttäuschung, jede Verletzung macht einen nicht stärker, sondern nur härter – härter gegen das Leben. Doch darum geht es ja gar nicht. Das Leben ist nur hart, weil wir hart sind. Es geht nicht darum, in einem harten Leben bestehen zu können – das ist der reine Überlebens-modus – sondern darum, das Leben selbst zu sein. Das Leben ist freundlich und gut, wenn wir es sind. Es geht darum weich zu werden, unsere Abwehrhaltung und unsere Schutzmechanismen abzulegen, die von Generation zu Generation weitergereicht wurden. Wir sollten sanft und offen werden, damit das Leben uns beschenken kann mit seinem Segen, seiner Liebe, seiner Fülle.

Was wäre die Welt, wenn immer mehr Menschen diese Erfahrungen nicht mehr zu machen bräuchten, immer weniger bis keine Verletzungen der Seele mehr zu erfahren brauchen? Was, wenn dadurch das Herz immer mehr und mehr offenbliebe und wir keinen Schutzpanzer mehr um uns errichten bräuchten? Die Frage glaub ich, kannst du dir selber beantworten. Die Welt würde zum Paradies – genau dorthin führt die Entwicklung, da gehen wir hin, gehst du mit?

Wie sieht die Welt „dort drüben" aus? Anders als es sich die meisten mit dem Verstand vorstellen und dennoch wird sie so aussehen, wie sie von denen erschaffen wurde, die bereits voraus gegangen sind und sie wird so aussehen, wie du sie mitgestaltest. Es ist ja nicht so, dass unser Planet verschwindet, sondern alles was pure bedingungslose Liebe ist und darauf aufgebaut ist, wird Bestand haben. Die Natur, die Tierwelt, all das trägt ja keine Dualität in sich. Dualität ist nur der menschliche Geist, der sich vom Einheitsbewusstsein abgetrennt erfährt und alles, was daraus entstanden ist. Ob nun mentale Konstrukte,

Überzeugungen, Religionen, Traditionen, eingrenzende und ausgrenzende Identitäten, und entsprechend alles Materielle, das daraus hervor gegangen ist. Niemand kann die Neue Welt Quin'Taas aus dem Ego oder dem Verstand heraus mitgestalten. Das ist nicht möglich, weil diese Energien damit nicht kompatibel sind. Darum können nur erwachte Menschen, die aus einer reinen Absicht heraus manifestieren, die Neue Welt mitkreieren. Um einen Ort mitzugestalten, musst du vor Ort sein, oder auf irgendeine Art Zugang dazu haben, sonst kann dein Schöpfergeist dort nicht aktiv werden. Also wie ganz, oder zumindest mit Anteilen deiner Selbst, durch das Tor gehen? Dazu kommen wir etwas später.

Der Richtigkeit halber ist noch zu sagen, dass es sich ja nicht direkt um einen anderen Ort handelt. Es ist eine andere Schwingungsebene, eine andere Dimension, die jetzt bereits hier ist und sich immer mehr mit Leben füllt. Jetzt ist es gut, von der Metapher der beiden Ballone wegzugehen, es ist ja nur eine Hilfsvorstellung. An der Stelle jetzt gibt es eine bessere Vorstellung für diese Feinheit. Ein Wasserglas, gefüllt mit grauer Flüssigkeit. Du gießt solange rosarote Flüssigkeit drauf, bis nur noch rosa Flüssigkeit im Glas ist. Das ist im Prinzip das, was in der der Übergangs-phase geschieht. Es ist derselbe Raum, in dem sich das vollzieht, der Raum im Wasserglas. Doch bis es soweit ist, dass nur noch rosa Flüssigkeit im Glas ist, dauert es eine Zeit. Zuerst vermischen sich die beiden Farben, doch das graue wird immer weniger, weil es keine Quelle hat, von wo es nachfließen kann. Doch das rosarote hat eine unerschöpfliche Quelle, es wird, egal wie lange es dauert, darauf hinauslaufen, dass das graue verschwindet. Je mehr Menschen rosa nachgießen, umso schneller geht es. Die neue Welt ist einfach eine andere Schwingungsebene, die sich immer mehr ausdehnt, immer manifester wird und nach und nach mehr zugänglich wird. Bereits jetzt existieren praktisch zwei Planeten, wenn man der Betrachtung des ersten Büchleins folgt, dass ein sogenannter Planet letztendlich eine Holografische Blase ist, in der ein bestimmtes Programm läuft. Aus Sicht der Wirklichkeit ist das die Neue Welt Quin'Taas und die alte Welt, der so bezeichnete Parallelplanet, wo noch das Programm Erde – nur Mensch läuft.

Die Neue Welt wird mit jedem liebevollen Gedanken erschaffen, indem du die Göttlichen Attribute in dir lebst, durch deine Visionen, deine Träume. Möchtest du mitmanifestieren? Dann kannst du das jetzt tun.

Ich möchte dir danken, dich einladen, dich ermuntern. Doch weniger als alles andere möchte ich dich belehren oder dich bevormunden. Doch ein Tipp von mir könnte lauten: Nach diesem Ausflug in den weitgehend mentalen Teil dieses Büchleins, der sich mit Erklärungsversuchen der Gegenwart beschäftigt, wäre es vielleicht gut, eine kleine Lesepause einzulegen. Damit du nicht mit all diesen Gedanken im Nacken die Reise mit deinem Goldenen Engel in die Quint'Essenz des Geschehens antrittst. Gehst du gern spazieren? Versuch doch mal den Walk of Live. Was auch gut wäre, bevor du das nächste Kapitel liest, das erste Elisebüchlein noch einmal aufzuschlagen und dir den Verlauf der Zeitepochen von Lemuria über Lemurien und Atlantis noch mal zu Gemüte zu führen. Denn dort, an diesem Übergang in die Zeitepoche Nyroos, werden wir unsere diesmalige Reise beginnen. So werde ich auf das große Experiment des Ersten Zentralen Universums, den Fall und die Epochen von Lemurien bis Atlantis hier nicht mehr eingehen. Doch ist es für das Gesamtverständnis elementar, sonst kannst du evtl. manches jetzt Folgende, nicht richtig einordnen.

Reise nach Nyroos

Rufe wenn du möchtest jetzt deinen Inneren Goldenen Engel. Er ist die Verschmelzung aus deinem persönlichen Lichtabdruck, deinem Hohen Selbst und deinem Schöpferlicht. Er möge dir zeigen, was für dich in diesem Kapitel wesentlich ist, und ob überhaupt.

Als es beschlossen war vom Hohen Kosmischen Rat, in Übereinkunft mit den hohen Avataren auf Erden und den lichten Kriegern, wurde ein Wechsel der Energie eingeleitet. Das Dimensionsfeld Atlantis begann sich zu schließen. Dies war ein ebensolcher Vorgang wie sich heute diese alte Welt schließt und die Neue Welt, die neue Dimension, entsteht. Nur dass der Übergang der Dimensionen damals viele tausende von Jahren dauerte, bis er ganz abgeschlossen war. Da sich jetzt, zur Heimholung des Planeten, die Zeit extrem beschleunigt, dauert dieser Übergang, mal so circa von 1987 abgerechnet, wesentlich kürzer. Lass es 40 Jahre sein, was ist das schon? In 40 Tagen um die Welt, in 40 Jahren durch die Quint'Essenz aller Epochen, das ist ambitioniert. Eines geschieht uns mit Sicherheit nicht, dass uns dabei langweilig wird. Dies ist nur ein halber Scherz, denn dort, wo wir nun zusammen hinreisen, du und dein Innerer Goldener Engel und ich, war es uns teilweise sehr langweilig.

Es hat Jahrhunderte gedauert in der Endphase von Atlantis, bis die lichten Krieger bereit waren ihre Schwerter zu senken, auch konnten sie das nicht von heute auf morgen tun, weil sich ansonsten die Luziferenergie zu stark ausgedehnt hätte und der

Planet in Gefahr geraten wäre. Es war wirklich ein schwieriger und auf vielen Ebenen undurchsichtiger Übergang, ein Balanceakt sondergleichen. Vieles vermischte sich und kaum jemand wusste mehr genau, was zu tun war. Doch die Botschaft des Hohen Rates durch das Medium war es, dass Pyramiden als Dimensionstore überall auf dem Planeten erschaffen werden sollten, weil eine große planetare Reinigung bevorstünde. Keiner wusste wann und welche Art der Reinigung kommen würde. Doch ähnlich wie heute begann sich das Klima zu verändern, die Elemente wurden immer aktiver und irgendwann, hunderte Jahre später, kam der Meteoriteneinschlag, der die Sintflut auslöste. Die Pyramiden wurden früher als Arche Noah bezeichnet. Noah war einer der Propheten, die die Menschen darauf vorbereiteten und ihnen Sicherheit gab.

Bitte bedenke, wenn du dir dies vor deinem inneren Auge ansiehst, dass auch du damals hunderte, teilweise tausende von Jahren in deinem Körper geblieben bist. Dieses ständig neue Inkarnieren begann erst „etwas" später. Diese Endzeit der Epoche Atlantis war sehr, sehr anstrengend. Es gab kein Rasten für die lichten Krieger, die Rote Priesterschaft, die Verkünder, die Wächter und die Erbauer. Es wurde jede Minute genutzt, um alles vorzubereiten für den Dimensions-wechsel. Das ganze Erbe Gottes musste in Sicherheit gebracht werden, die Menschen vom Bevorstehenden unterrichtet, die Archen Noahs errichtet werden. Ganz vereinfacht gesagt geschah dies telekinetisch, durch reine Gedankenkraft, mit dem Mystischen

Heilgeist und der Schöpferkraft, die uns allen ganz zugänglich waren. Eben genau so wie wir heute die Neue Welt Quin'Taas erbauen, jene, die ihre Schöpferkraft angenommen haben.

Ähnlich wie heute auch gab es auch damals einige lichte Krieger, die noch nicht bereit waren, die Waffen niederzulegen und den Kampf aufzugeben, um bei den Vorbereitungen zu helfen. Doch es hat immer alles zwei Seiten – damals sollte auch der Kampf gegen die Mächte nicht auf einen Schlag aufgegeben werden, es zogen Jahrhunderte ins Land, bis es soweit war. Der Kampf beendet, die Dimensionstore, die wir heute als Pyramiden sehen, vorbereitet, das Erbe Gottes in den Kristallstätten gesichert, die Wächter der Tore bereit, diese zu beschützen bis in die heutige Gegenwart. Was das Erbe Gottes ist, wäre ein eigenes Buch. Darum nur ein paar Begriffe, die du sicherlich kennst: die Bundeslade, das Schwert Excalibur, die Smaragdtafeln, das Erbe von Moses, die Kristallbibliotheken, das 5. Element, Lichtkristalle, altes Wissen, die Heiligen 12 Grale und vieles mehr.

Nur um diese Ähnlichkeit des Geschehens zum heutigen zu unterscheiden: Heute geschieht alles viel schneller, wir haben keine hunderte von Jahren Zeit, um den Kampf aufzugeben, wir sollten es so schnell wie irgend möglich tun, denn dabei geht es um viele Menschenleben. Solange gekämpft wird – selbst wenn es für eine gefühlt gute Sache ist – werden die Transformationen zunehmen, erst wenn ein ausreichend hohes Level von bestimmten Attributen der Liebe gelebt wird, vor allem Mitgefühl und Achtsamkeit und Vertrauen, werden sie zur Ruhe kommen. Heute sind viel mehr Menschen inkarniert als damals in Atlantis. Als die große Flut kam, überlebten nur relativ wenige Menschen. Die geschulten Avatare, Priester, lichten Krieger usw. konnten mit ihrer Merkaba* durch die Tore, durch die Pyramiden in die neue Dimension reisen. Doch viele Menschen konnten das damals nicht, es ging einfach nicht, weil sie nicht weit genug entwickelt waren. Nach der großen Reinigung, teilweise auch noch währenddessen, reisten diese Avatare in die alte Dimension zurück, um die Menschen zu schulen, sie vorzubereiten für die neue Dimension. Die Menschen die geschult wurden sind die Vorfahren z.B. der heutigen Ägypter, doch natürlich weltweit viele andere Völker ebenso.

Nach und nach kamen die lichten Krieger alle in die neue Dimension, dort erwartete sie ein kleines Paradies, alles war vorbereitet, es war weitgehend Frieden. Die Pyramiden, sie hatten Gestalt angenommen, und die Schulung der Menschen begann durch die hohen Avatare, die sogenannten alten Götter, wie z.B. Seth, Toth, Sheldrak, Moses, Elias, alle möglichen Namen, die das Alte Testament aufzubieten hat. Und viele Namen die dort evtl. nicht drinstehen, z.B. dein Name – wer weiß, vielleicht steht er auch drin.

Es hatten sich also in etwa 144.000 lichte Krieger versammelt, die bereit waren, in die neue Dimension, genannt Nyroos, zu gehen. Es gingen damals 144.000

lichte Krieger und 144.000 dunkle Mächte durch die Dimensionstore. Dies musste so geschehen, weil nach der großen Reinigung und Transformation die folgende Zeitepoche Nyroos ja weiterhin der Dualität unterlag, der Planet war ja nicht aufgestiegen, sondern nur vorläufig dem Einatmen der Göttlichen Quelle entzogen. Denn dies wäre die Alternative gewesen, hätten sich nicht gegen Ende von Atlantis tausende von lichten Kriegern versammelt und mit einem Hilferuf des Gebets an den Vater gewandt. Dies gab es zuvor noch nie: Dieses inbrünstige Gebet drang so tief bis in das Innerste der Göttlichen Quelle vor, dass daraus eine Energiebewegung entstand, eine Veränderung des Atems Gottes und eine Welle der Gnade wurde ausgesendet. Unser Planet wurde von diesem, eigentlich aus höherer Sicht gesehen natürlichen Vorgang, verschont.

Anm.: Ich habe hier jetzt einiges andeutungsweise wiederholt, was im ersten Büchlein dazu steht. Wenn du das Gefühl hast, dass dir hier Zusammenhänge fehlen, empfehle ich dir es noch nachzulesen. Eine kleine Erklärung hier noch: Wenn ich den Überbegriff „Lichte Krieger" verwende, sind damit alle spirituell hochentwickelten Lichter des Planeten gemeint, auch die PriesterInnen, die Verkünder, die Propheten, die Tempeltänzerinnen usw.

Es musste also eine neue Ausgangslage geschaffen werden, indem auch die Krieger der Gegenseite in die neue Dimension übergehen konnten. Dadurch entstand erstmal eine energetische Neutralität, in der die zweite Nulllinie der Zeit überschritten werden sollte. Die erste Nulllinie war der Beginn der planetaren Zeit, nach dem Fall, als aus Lemuria Lemurien wurde und du dich als hohes Licht im Universum entschieden hast, auf diesem Planeten zu inkarnieren, so lange es dauern möge, um ihn wieder in die göttlichen, magnetischen Linien zurück zu tragen. Noch heute wird dein Mut dafür gepriesen und wenn du dich öffnest, singen dir jetzt die Engelschöre der Sternensaat dafür ein Loblied, auf ewig.

Eine Nulllinie ist ein energetisches Großereignis, das eigentlich mit Zeit nicht viel zu tun hat, sondern vielmehr mit einer Entscheidung, mit deiner Entscheidung. Nach Atlantis teilten sich die Aufgaben der lichten, ehemaligen Krieger etwas. Viele bereisten mit ihrer Merkaba alle Teile des Planeten und schulten die Menschen, ihre jüngeren Schwestern und Brüder, in universellem Wissen und Spiritualität. Sie hinterließen ihnen die Monumente, die auf den Kristallstätten erbaut waren, wie z.B. die Pyramiden. Um sie siedelten sich die Menschen an und sie durften nach und nach, nach vielen Einweihungs-zeremonien und Schulungen, diese auch benutzen. Erst lange nachdem die hohen Avatare sich zurückgezogen hatten, begannen diese dann ihre eigene Mythologie aufzubauen und entsprechen-de Inschriften zu hinterlassen. Wie es halt so ist – versuche dabei in großen Zeitzyklen zu denken – wenn tausend Jahre ins Land ziehen, sich die großen Lehrer zurückgezogen haben und eine ganz neue

Geschichte beginnt, eine neue Identität, Religionen, Kulte usw. entstehen. Auch die Mächte der anderen Seite haben dabei dann kräftig mitgemischt, um vieles des Wahren und Guten zu verschleiern und mehr und mehr vergessen zu machen. Als Beispiel das bekannte Gizeh Plateau und die bedeutendsten Pyramiden, wo durch die Zeit hindurch bis zum heutigen Tage nur noch eine Stadt namens Kairo am Rande des Plateaus übriggeblieben ist.

Warum hatten die 144.000 Avatare sich zurückgezogen und wohin? Der Wechsel der Energien bedeutete eine sehr große Herausforderung für die ehemaligen lichten Krieger, die nun nicht mehr kämpfen, sondern lernen sollten zu fühlen. Es wurde prophezeit, dass eine Zeit der inneren Achtsamkeit, der Kontemplation und des Wortes folgen sollte. Alles Dinge, die es in Atlantis kaum gab. Stell dir vor wie sich ein Fußballspieler fühlt, der vor 5 Minuten noch um die Weltmeisterschaft gespielt hat, mit seinem Team ein Unentschieden erreicht hat, und dann wurde das Spiel einfach abgepfiffen. Einfach weil der Schiedsrichter gesagt hat: *„Leute, das Spiel von Gewinner und Verlierer ist nicht mehr zeitgemäß, jeder Titelkampf ruft nur den nächsten Titelkampf hervor, lassen wir es bei unentschieden."* Eigentlich eine sehr schöne Vorstellung – dann wären alle Länder Weltmeister – aber unser oben erwähnter Fußballspieler ist außer sich, noch voll mit Adrenalin und Siegeswillen. Und dann kommt sein Trainer zu ihm, umarmt ihn und sagt: „Schau, setz dich auf diesen Stuhl und schließ die Augen, meditiere und fühle, dass es mehr gibt als zu gewinnen."

Jetzt kannst du dir vorstellen, wie es dir damals ging. Es gab immer ein Medium, das die höchsten Botschaften auf den Planeten brachte und die Botschaften des Hohen Rates des Universums haben genau das gesagt. Wer noch Adrenalin in den Adern hat, fühlt schnell mal Langeweile. Das Aufregendste nach dem Dimensionswechsel war noch das Verbreiten des universellen Wissens und die Schulungen der Völker der Erde. Manch ein Avatar konnte es noch nicht so ganz fassen und lehrte sie auch in der hohen Kunst der Kampfführung. Was aus einer höheren Perspektive auch wieder gut war, denn die Gegenseite formierte sich auch neu und es brauchte auch eine gewisse Balance der Kräfte der Dualität. Gewalt, wie wir ja wissen, war ja deswegen nicht plötzlich verschwunden auf der Welt. Wichtig war einfach, dass die sich bewussten Avatare bereit waren, den großen Kampf aufzugeben und neue Wege zu gehen. Sie zogen sich in ein Gebiet zurück, das im heutigen Jordanien liegt. Das Zentrum davon war - wie sie heute genannt wird - die Felsenstadt Petra.

Dazumal nannten wir sie die Goldene Stadt. Es war damals kein reines Wüstengebiet wie heute, sondern ein riesiges Areal, wasserreich und fruchtbar. Aus mystischen Quellen floss Wasser im Überfluss, es war alles da, um den Kriegern, die von 250 auf fast null gebremst wurden, das Leben so angenehm wie möglich zu machen, um „runter zu kommen". Ihre Körper zu heilen, ihre Waffen abzulegen, ihre Freundschaften zu pflegen, viele, viele, viele Gespräche zu führen, vielen Botschaften der geistigen Welt, des Kosmischen

Rates zu lauschen und zu reflektieren. Du weißt ja selber, dass es sogar heute noch oft nicht so einfach ist, vom Kämpfen abzulassen, dir Ruhe zu gönnen, offene Herzensgespräche zu führen und Worte der Liebe zu sprechen. Stell dir vor, wie es dir damals erging. Doch du hattest wieder hunderte von Jahren Zeit, diese inneren Prozesse zu durchlaufen und alte Schmerzen zu transformieren.

Oftmals saßen wir am ewigen Feuer, im Herzen der Goldenen Stadt, zu tausenden und haben uns gefragt, wie es wohl weiter gehen wird. Wir haben uns gefragt, ob wir in Atlantis versagt hatten, ob wir nicht doch hätten weiterkämpfen sollen. Die Aufforderung, ins Gefühl zu gehen, war uns so was von fremd und hat sehr viele an den Rand der Verzweiflung gebracht. Selbstzweifel, Ratlosigkeit waren weit verbreitet und eine große Müdigkeit setzte ein, Atlantis war einfach extrem anstrengend gewesen. Doch war da nach und nach etwas Neues am aufkeimen: Hoffnung, Zuversicht und auch die Anfänge des Vertrauens. In Atlantis brauchte es all das nicht. Man wusste was zu tun war und hat es getan. Doch in der Neuen Dimension ging das nicht mehr, wir fühlten uns wie eine Kuh auf dem Eis.

Auch wurden wir angehalten, unsere Manifestationskraft immer weniger einzusetzen. Das Erbauen der Stadt wurde nicht hauptsächlich über die Gedankenkraft der Manifestation vollzogen, sondern in einer wundervollen Zusammenarbeit mit vielen

Wesen der Anderswelt. Hier möchte ich meine lieben Freunde, die Zwerge, besonders hervorheben, sie haben schier unermüdlich gearbeitet. Nach Meistermaß Höhlen, Räume, Säle, Wohnstätten, Tempel, Ritualplätze in die Kalksteinwände gebaut. Sie wurden dafür auch reichlich entlohnt in Form von Gold, das sie so sehr lieben, weil es eine sehr hohe und reine Energieschwingung hat. Es war im Überfluss vorhanden und sie gaben es wieder voller Freude und zierten die Bauwerke der Stadt damit. Tiefe Freundschaften entstanden mit dem Blauen Volk der Naturgeister, nicht nur mit den Zwergen, sondern mit vielen weiteren Arten.

Die Stadt blühte und sie glühte in ihrem Herzen. Immer mehr Menschen siedelten sich rund um die Stadt an und es gab Festtage im Jahr, da war es allen erlaubt, ins Innerste der Stadt zu kommen. Das heutige Petra, so wie es ausgegraben und kartografiert ist, ist nur ein kleiner Teil der ursprünglichen Stadt. Mindestens 80% davon sind noch unentdeckt, auch unter der Erde. Dennoch, wer einmal dort war wird dieses unglaubliche energetische Gefühl der Leichtigkeit, der verminderten Erdenschwere fühlen, welches an vielen besonderen Orten, unter denen sich Kristallstätten befinden, fühlbar ist. Es ist zutiefst mystisch, heute noch, und trägt für die golden-blaue Frequenz, der du vermutlich zugehörig bist, so viele Seelenerinnerungen wie kaum ein anderer Ort, mit Ausnahme von Israel. Dazu kommen wir später noch. Wenn die Goldene Stadt, das heutige Petra, dich in der Seele berührt, dann bist du eine, einer der 144.000 Avatare, die einst dort den großen Wandel der Planetenenergie vollzogen haben.

Regelmäßig hast du den Botschaften der geistigen Welt gelauscht, die durch das eine Medium zu uns gebracht wurden. Durch ein akustisches Meisterwerk, am Felsen erhöht, konnte die Stimme über viele hundert Meter hinweg gut gehört werden. Es war vor allem die große Seele Sananda, die lange Zeit zu den Avataren sprach. Für heutige Verhältnisse war es noch eine eher raue Ansprache, denn Anderes konnten wir noch nicht so gut annehmen. Doch über eine lange Zeit hin wechselte die Energie mehr und mehr zu Lord Sananda, der Kosmische Christus kam durch und die Botschaften wurden immer sanfter und von fühlbarer Liebe getragen. Versuch, wenn du magst, dich zu erinnern: Es war nicht einfach, diese Worte der Liebe und der Güte anzunehmen. Unsere Emotionalkörper waren noch nicht ausgebildet – doch genau das war ja die Schulung und Vorbereitung. Wenn du nicht fühlen kannst, sind Worte der Liebe dir ein Gräuel, mal etwas überspitzt ausgedrückt, und können dich in die ärgsten inneren Widerstände führen. Die geistige Welt ist natürlich hochintelligent und passt ihre Botschaften in Wort und Energie immer an die Zuhörer und deren Bewusstsein an und führt sie Schritt für Schritt.

All das war notwendig, denn das Sich-Einlassen-Können auf diese Liebe war für das Kommende unerlässlich. Irgendwann wurde eine Entscheidung gefordert, denn diese relativ kurze Zeitepoche neigte sich dem Ende zu. Es war deine Entscheidung, ob du die zweite Nulllinie übertreten möchtest um in die nächste Erddimension, die Zeitepoche Lentos, überzugehen oder lieber zurückzukehren ins Universum. Du bist heute hier, du hast dich also entschieden, in die zweite Zeit überzugehen, die das Kommen des Heilands vorbereitete. Viele der Avatare kehrten nach Hause ins Universum zurück, sie entschieden sich, aus den unterschiedlichsten Gründen, nicht zu bleiben. Es war ein sehr spezieller, fast schon emotionaler Moment, als Toth, einer der höchsten Avatare aus Atlantis verkündete, dass er nach Hause zurückkehren wird. Das stellte einige, die tief mit Toth verbunden waren, noch einmal auf eine besondere Probe. Manche folgten Toth nach, viele blieben dennoch. All das war gut so und es lag niemals eine Bewertung von Seiten der geistigen Welt darauf, wie sich ein hohes Licht entschieden hat. So wie es war war es gut. Alle Heimkehrer wurden in den höchsten Ehren empfangen. Doch unter den Avataren in Nyroos sorgte es für Gesprächsbedarf – auch das war gut, denn die Auseinandersetzung damit schulte und formte den Emotionalkörper weiter. Toth hat ganz gewiss in großer Weisheit entschieden, wie auch immer zuvor, für das Große, Ganze.

Als Toth sich in die Berge zurückzog um seinen Übergang zu begehen, durften ihm 144 seiner nächsten folgen auf dem Weg. 12 davon waren für den Übergangsritus auserwählt. All das zog sich über

Jahre, bis das lemurische Feuer der Ewigkeit in Toths Struktur so licht brannte, dass die mystischen Energien sich in Bewegung setzen konnten. Bei diesem Prozess wurden 12 Seelenanteile von Toth abgegeben, die sich mit den 12 beiwohnenden Avataren verschmolzen. Ausläufer dieser Energien übertrugen sich auf die 144. Diese 12 und 144 fühlen heute noch das Feuer von Toth in sich und sind auf eine besondere Art mit ihm verbunden. Das ist jetzt alles sehr vereinfacht dargestellt, es war sehr aufwändig und ein Großereignis, das weit über die Stadt hinaus beobachtet wurde. Toth, einst als Aron aus dem lemurischen Feuer erschaffen, kehrte wieder dahin zurück. Dabei strahlte es so hell und entwickelte zum Höhepunkt eine Energie, die den Berg fast abschmelzen ließ. Übrig blieb Asche - Heilige Asche. Heute noch wird er als der Berg Aaron bezeichnet. Es heißt, dort hätte Aaron, der Bruder des Moses seine letzte Ruhestätte. Dazu muss man wissen, dass die Bezeichnung Bruder zur damaligen Zeit meist für Weggefährten, Brüder im Geiste, verwendet wurde. Aron-Toth ist zu dem geworden, was er immer war und nach Hause zurückgekehrt. Er dient allen Planeten voller Liebe aus dem Universum mit seiner Stärke, seinem Wissen und seiner Weisheit. Mein lichter Bruder, ich ehre dich.

Auch viele andere Avatare sind auf ähnliche Art, wenngleich vielleicht etwas weniger spektakulär, nach Hause zurückgekehrt. Aus den verbleibenden, die ihre Entscheidung getroffen hatten, wurden 1728 ausgewählt und als Weeda Gruppe benannt. Nur die entschlossensten, hingebungsvollsten, mit der Christusenergie fühlend am tiefsten verbundenen, wurden in die Wedaa Gruppe berufen. Sie erhielten eine tiefe Einweihung in die Christusenergie, um die Kraft zu haben, das Kommen des Heilands zu verkünden. Es ist nicht entscheidend, ob du dich den 1728 zugehörig fühlst oder dem Teil der 144.000, die auch geblieben sind, DU bist eines der mutigsten Lichter des Universums, denn du bist jetzt hier. Darum verneigen sich die Engel vor dir.

Was zur Entscheidungsfindung noch ganz wesentlich dazu gehörte war: Das Einverständnis, dass du nach und nach fast alle deine Fähigkeiten sozusagen stillzulegen hattest, so dass du keinen oder kaum mehr Zugriff darauf hattest. Dass du zustimmst, in das karmische Rad einzutreten, das es zuvor nicht gab, und dass du mit jedem Leben, jedem Sterben und jeder neuen Inkarnation mehr und mehr vergisst, wer du bist. Die Gesetzmäßigkeit des karmischen Rades, das es ja mittlerweile nicht mehr gibt, wie in Kapitel 4 beschrieben, verlangte eine damals unbekannte Folge von Inkarnationen, ohne Ausstiegsmöglichkeit. Wir wussten, dieses Rad der ständigen Wiedergeburt wird sich so lange drehen wie nötig, bis der Planet aufsteigen wird. Mehr wusstest du nicht. Also war diese zweite Nulllinie zu überschreiten eine Entscheidung mit riesiger Tragweite und voll höchstem Mute. Denn das war die letzte Gelegenheit, sich zu entscheiden, ganz nach Hause zurückzukehren, bis in eine unbekannte Zukunft, wenn irgendwann mal das karmische Rad der Wiedergeburt abgeschafft werden würde. Seit 2003, mit der Entleerung der astralen Ebene, gibt es das karmische Rad nicht mehr. Wenn jetzt Seelen gehen, können sie wieder kommen, müssen aber nicht. Viele bleiben zu Hause. Die, die es gewusst haben, dass das Rad aufgelöst wurde, haben ein großes Fest gefeiert, denn es bedeutet die Freiheit für alle Menschen.

Du hast es bis hierher geschafft, unglaublich oder? Was für ein Weg! Ich gratuliere dir aus ganzem Herzen, weil ich weiß, was du geleistet hast. Das ist nun gut zu wissen und zu fühlen, weil wir jetzt noch durch die Epochen Lentos und das Christuszeitalter reisen werden, bis ins Jetzt, denn nun stehen wir auf der dritten Nulllinie und sie erfordert wieder eine klare Entscheidung.

So zogen die ehemaligen Krieger in der Epoche Lentos aus, wurden zu Kriegern des Wortes. Zu Beginn war auch das Verkünden, möglichst mit einfachen Worten der Liebe zu verkünden, dass Gott Liebe ist und seinen Sohn senden wird, nicht einfach. Gar nicht einfach. Wir taten uns noch schwer, diese Worte zu sprechen und es war einfach so, dass du im besten Falle nur verständnislos angeschaut wurdest. Bisher war nur Auge um Auge, Zahn um Zahn verkündet worden, und diese Sprache verstanden die allermeisten. Du kannst dir vorstellen, auch das war ein Prozess, ein innerer und ein äußerer. Bis diese

Kunde verbreitet war, dass genügend Menschen davon erfahren hatten, vergingen fast wieder 2000 Jahre. Zudem hast du ständig – und das ist wirklich nicht mit Worten erklärbar – in der Zwischendimension Avalon inkarniert, die immer parallel existiert hat. Dort hast du dich weiter in deinen Gefühlen schulen lassen, menschliche Liebe, Vergebung, Freiheit, usw. Du hast in der Energie von Avalon teilweise multidimensional in verschiedenen Erddimensionen inkarniert. In Wirklichkeit bist du so und so multi-dimensional inkarniert, z.B. auf anderen Planeten, doch innerhalb der Erddimensionen, das ist etwas Besonderes. Gleichzeitig wurden deine Inkarnationen in Lentos zunehmend kürzer, weil du in den vielen, relativ kurzen Zwischeninkarnationen in Avalon jedes Mal etwas mehr vergessen hast.

Lentos - Es war die Zeit des Verkündens und des Wartens. Doch immer wieder von neuem hast du dich aufgemacht, dem Stern zu folgen, dem Leuchten, das zunehmend heller hoch oben am Himmel stand. Dies war das Leuchten der Merkaba von Gottes Sohn, der direkt aus der Göttlichen Quelle ausgesandt wurde und durch die bereits im Universum vorhandene Christusenergie seine Reise antrat. Zu Anfangs konnten es nicht alle Menschen sehen, dann wurde es immer sichtbarer. Es stand dort über lange Zeit, eine Zeit des Hoffens und des Vertrauens. Die Schulung des Fühlens lief ja darauf hinaus, es im Herzen fühlen zu können, dass es wahr ist, ohne Beweise zu haben, so ist es auch heute. Während die Atlantische Zeit noch eine Zeit des Wirkens von tagtäglichen Wundern war, Dinge die wir heute als Magie und Zauberei bezeichnen würden, war es in Lentos eine Zeit des Vertrauens und der Demut. Das größte Vertrauen aber forderte es uns ab, als es dann endlich irgendwann soweit war, dass der Heiland als kleines Kind kam, nicht als übermächtiger Gottsohn.

Kann das sein? Wie soll er den Planeten retten? Ist er es überhaupt? Und so weiter. Doch durch die tiefe Einweihung in Nyroos konnten wir es fühlen, und wer dem Kindlein in die Augen blickte, wusste es einfach. So viel Liebe, so eine Tiefe, alleine sein Blick heilte schon. Die meisten der 1728 erkannten ihn sofort, als sie ihn sahen. Ab diesem Zeitpunkt, als sie das erste Mal auf Jesus als Person getroffen sind und sie offenen Herzens waren, wurde ein Liebesband geknüpft, das die große Einweihung von Lord Sananda in Nyroos noch einmal vertiefte. Und nicht nur verstärkte, sondern eben auf der menschlichen Ebene entstand dadurch ein Liebesband. Auch darauf hast du dich in Avalon vorbereitet. Dort standen die Energien der Freiheit, der menschlichen Liebe und der Vergebung im Mittelpunkt aller Inkarnationen. Die Geschichte um König Arthur und die 12 Ritter der Tafelrunde – sie hat sich in unzähligen Zyklen immer und immer wieder wiederholt, immer in etwas anderen Konstellationen und äußeren Begebenheiten. Du bist in dieses Schulungshologramm mindestens zwölf Mal eingetaucht und hast alle Positionen der 12 um König Arthur – Engel Michael – durchgespielt.

Die Gesamterfahrung dieser Inkarnationen hast du in dich aufgenommen und eine Essenz daraus gebildet. Du wurdest also einer der 12 Energien der Tafelrunde zugeordnet, die deinem Licht am stärksten entsprach. Diese Prägungen hast du in die Inkarnation, in der Jesus gegenwärtig war, mitgenommen und hast deinen Platz im energetischen Muster der Christusenergie eingenommen. So war dir dein Platz bestimmt, doch konntest du natürlich frei wählen, ob du ihn einnehmen wolltest.

Die 1728 Avatare wurden alle in der gleichen Art auf das „mit dem Heiland sein", wie es genannt wurde, vorbereitet. Stelle dir vor, du teilst einen runden, leckeren Himbeerkuchen in 12 gleich große Stücke. Auf jedem Stück gibt es 144 Inkarnationsvarianten. 12 x 144 = 1728. Du hast in den Zeitepochen nach Nyroos, also in Avalon und in Lentos, mindestens einmal oder viele Male auf jedem der 12 Kuchenstücke inkarniert. Diese Zahlen gehen weit über das oberflächliche Verständnis von Zahlen hinaus. Sie tragen eine ganz bestimmte Schwingungsenergie, das ist es, worauf es ankommt, also mehr auf die Zahlenqualität, nicht auf den numerischen Wert der Zahl. Dieses Inkarnieren auf allen Kuchenstücken, also in jedem Schwingungsbereich der 12 Grundenergien, hat gewährleistet, dass egal, ob sich jemand abwendet, immer jemand anderes an dessen Stelle treten konnte, weil jeder der 1728 alle diese Grundmuster in sich trug und immer noch trägt. Dies zeigt schon, dass es gar nicht so sehr auf die konkrete Anzahl oder einen konkreten Menschen ankam, sondern darauf, dass das energetische Muster komplett war, das durch die jeweilige Zahlenschwingung getragen wird.

Auf diesem energetischen Muster konnte die Liebe von Gottes Sohn, Jesus, gedeihen, bot ihm Schutz und Geborgenheit, die auch er brauchte. Im ersten Büchlein habe ich schon erwähnt, dass Jesus Brüder und Schwestern hatte, dass seine Eltern ihn in die Obhut von Mutter Maria gaben, die zu diesem Zeitpunkt die höchste Avatarin auf Erden war, die Hohepriesterin. Sie war vollbewusst, wirkte mit 18 Aspekten ihrer Merkaba. Sie nahm Jesus mit in eine Art Tempelanlage, wo viele Kinder waren, die hochspirituell erzogen wurden, und dort wuchs er dann auf. Sie widmete sich ihm ganz und nur sie alleine wusste, wer er ist. Doch sie schwieg, auch Jesus wusste es nicht. Mutter Maria heißt darum so, weil Jesus sie immer Mutter nannte, doch seine Eltern waren einfache, sehr spirituelle Menschen, sie waren voller Liebe und es fiel ihnen nicht leicht, Jesus gehen zu lassen. Doch sie hatten viele Kinder und waren sehr arm. Und sie wussten einfach, dass es wichtig ist und gut, wenn sie Jesus Mutter Maria übergaben. Sie hatte eigentlich einen anderen irdischen Namen, einen Priesternamen, doch ich erinnere mich nicht genau daran. Doch wenn du die Attribute der Liebe von Mutter Maria wie Schutz, Geborgenheit, Fürsorge, Trost brauchst, dann rufe sie am besten mit den bekannten Tönen: Mutter Maria.

Als Jesus mit etwa 15 Jahren auszog, nicht wissend was er tun soll, nur fühlend, dass er unter die Menschen muss, war es auch Maria schwer ums Herz. Doch sie vertraute, dass Jesus geführt sein wird und schließlich aus sich heraus erwachte, um zu wissen, dass er Gottes Sohn sei. Geführt durch die Erwachensweihen in der großen Pyramide von Gizeh wurde er durch seinen Freund, Johannes der Täufer. Einen Teil dieser Geschichte habe ich ja bereits im ersten Büchlein erzählt. Er war einer der größten Avatare seiner Zeit, der funkensprühend die Ankunft des Messias gepredigt hatte. Es heißt, er wäre die Reinkarnation des alten Propheten Elias gewesen und so mag es gewesen sein. Doch sehr stark trug er auch die große Seele Sanat Kumara, die das Hohe Selbst unseres Planetenbewusstseins ist. Während Elias noch präzise das Feuerschwert Excalibur führte um zu verkünden, führte Johannes zumindest noch präzise und feurige Reden. Doch als er Jesus traf und erkannte, wurde er weich. Er wusste, das Verkünden war vorbei. Jesus bat ihn, ihn zu führen und Johannes führte ihn in das Erwachen. Nach der Bekenntnis von Jesus, dass er Gottes Sohn sei, bekannte sich Johannes öffentlich zur Liebe zu Jesus, schickte alle seine Anhänger zu Jesus. Er war nie einer der 12 Apostel, er hatte eine andere Aufgabe, er lieferte sich der römischen Gefangenschaft aus und bereitete sich vor.

Vieles rund um diese Zeit steht ja in der Bibel und das meiste davon ist wahr. Ich möchte darum nichts wiederholen, was du in den alten Überlieferungen lesen kannst. Doch zur Bibel selbst möchte ich etwas sagen. Ich ehre die Bibel aus ganzem Herzen, denn sie hat unendlich wertvolle Dienste geleistet. Doch würde ich nicht drauf schwören, dass sie die alleinige und ausschließliche Wahrheit in sich trägt. Es sind Sichtweisen aus bestimmten Perspektiven, die genau so geschrieben wurden, wie sie zu sein hatten. Als die Schriften des Alten Testamentes, die ja die Lemurische und Atlantische Zeit bezeugen, niedergeschrieben wurden, dienten die als Leitfaden für die 12 Stämme Israels (ein anderer Begriff für die 12 Lichtfrequenzen der Menschenfamilie). Es enthielt viele Verbote und Gesetze, die irgendwann nur noch als Gebote gesehen wurden. Doch diese strenge Anleitung war notwendig, um die Menschen damals zu führen, und aus dieser ehrenwerten Erkenntnis heraus wurden sie von den Hütern der Ordnung, den Schriftgelehrten, bewacht. Doch es ist immer so mit den Hütern und Wächtern, über was sie auch wachen, sie haben in den Übergangsphasen immer die Schwierigkeit, ihre Schwüre und Eide aufzulösen und das Neue anzunehmen. Das ist etwas ganz Normales, denn was wäre ein Wächter, wenn einfach jemand vor ihn treten könnte und sagen: „Geh beiseite, deine Zeit ist vorbei". Ein Wächter muss misstrauisch und standhaft sein, komme was wolle. Erst wenn es nichts Altes mehr zu behüten und zu bewachen gibt, wird er frei sein. Zumindest war es in vergangenen Zeiten so, heute ist es etwas einfacher, diese Eide zu lösen. Wenn du ein Hüter, eine Wächterin bist, dann lass dir sagen: Geehrt bist du für deine Wahrhaftigkeit und

Treue. Ich wünsche dir die Kraft loszulassen, um für das Neue bereit zu sein, denn auch darüber wirst du einst wieder wachen.

Die alten Schriften und Regeln verloren ihre Gültigkeit mit der Ankunft des Heilands. Da bis heute von vielen Menschen Jesus nicht als der angekündigte Heiland anerkannt wird, haben diese alten Lehren für viele immer noch Bedeutung. Jesus ließ ein neues Buch schreiben, das der Liebe. Das Neue Testament, die Schriften der 12 und der 144 wurden nicht einfach so niedergeschrieben. Jesus erklärte seinen Anhänger genau, auf was sie bei den späteren Niederschriften achten sollten und was nicht für die Öffentlichkeit bestimmt war. Denn das Neue Testament ist ein Wegweiser für die vergangenen 2000 Jahre. Auch wenn die Essenz daraus, die Liebe, die Vergebung, die Erlösung ewig Gültigkeit haben, ist doch die Art und Weise, wie die Worte gewählt sind – von etlichen Übersetzungsfehlern mal abgesehen – auf die letzte, nun vergangene Zeitepoche zugeschnitten. Die Menschen hatten damals ein ganz anderes Verhältnis zu Worten als wir heute. Die Sprache war unmittelbarer und sehr bildhaft. Die Bibel ist voll von Methapern, die heute zum Teil gar nicht mehr verstanden werden. Vieles wird wortwörtlich gedeutet und auf die Waagschale gelegt, und vor allem mit dem Verstand beurteilt, was ein tieferes Verständnis schwierig macht. Man muss es aber auch gar nicht mehr verstehen, denn es gibt neue Botschaften, so wie das immer beim Wechsel von Zeitepochen der

Fall war. Wer glaubt schon, dass das Göttliche nur damals die Menschen und Botschafter inspiriert hat? Heute ist das mehr denn je der Fall. Es werden viele Kanäle auserwählt und genutzt, gerade jetzt, so kurz vor dem Wechsel der Dimensionen, um so viele Menschen wie möglich, auf viele verschiedene Arten, in ihren Herzen zu berühren.

Jemand hat mal gesagt: Bevor du gar nichts glaubst, lies die Bibel und fühle deine Liebe zu Jesus. Denn dafür wurde sie geschrieben, damit die Welt Jesus nicht vergisst, bis er wiederkehrt. Noch besser gesagt: Hätte die Welt Jesus vergessen, hätte er nicht wiederkehren können. Je mehr Menschen sich mit ihm verbunden fühlen, umso mehr kann eine Anbindungsenergie im planetaren Gitternetz entstehen, die für die Wiederkehr wichtig ist. Diese Wiederkehr läuft auf verschiedenen Ebenen. Zunächst ist es das Christusselbst, das in jedem Menschen wohnt, der Christusaspekt, der sich aktiviert und dadurch die Christusliebe in den Menschen mehr und mehr ausdehnt. Auch die Übergabe von Offenbarungen der Neuzeit sind ein Teil seiner Wiederkehr. Auf solche Offenbaren bist du in jeder deiner Inkarnationen seit der damaligen, als Jesus inkarniert war, getroffen. Letztendlich wird ein Tempel des Christus in der Neuen Welt, in Quin'Taas, leuchten, der zentral ist und die höchste Energie trägt, darin wird sich Jesus wieder zeigen und du wirst ihm begegnen. Wohl nicht ganz in Fleisch und Blut, aber es wird noch schöner sein als das. Jesus hat einst zu dir gesagt: *„Achai – ich werde* *wiederkehren.* "Heute sagt er dir: *„El'Achai – ich bin hier und führe dich zum Tempel meiner Selbst – SA'MAATAH*.* "

* ~ *

Betrachten wir noch einmal die Zeit, als du mit Jesus warst. Du hattest also im energetischen Muster der Christusenergie der 12, der 144, der 1728, der Weeda Gruppe, deinen Platz eingenommen. Durch die persönliche Liebe zu Jesus wurde dieses Muster in dir, das du bis heute in dir trägst, in das energetische Muster von Jesus eingewoben. Also das überpersönliche Energiemuster in das persönliche - das spirituelle in das menschliche. Daraus ist etwas Neues entstanden, die Verschmelzung dieser Energiemuster ermöglicht es dir heute, die höchste Vollendung deiner Spiritualität, eine von der Güte der Menschlichkeit geprägte Spiritualität, zu entwickeln. Eben genau so, wie Jesus war. Er war nicht nur Christus. Er war nicht nur Jesus. Er war Jesus Christus und hat uns vorgelebt, wie es möglich ist, höchstes Gottesbewusstsein mit menschlicher Liebe und tiefer Hinwendung zu jedem einzelnen zu leben. Die Verbindung der neutralen, universellen Liebe mit der menschlich-persönlichen Liebe. Manches Mal hat er die universelle Liebe mehr betont in seinen Worten und Handlungen, da konnte er manches Mal auch etwas streng und unnahbar wirken. Und im nächsten Moment gab er der persönlichen Liebe den Vorzug und hie und da schien es, als würden sich diese beiden Perspektiven der Liebe widersprechen. Das war eine tiefgehende und manchmal nicht leicht auszuhaltende Schulung, besonders für jene, die ihm nahe waren. Das Zusammenbringen dieser beiden Liebesenergien hat in den Menschen auch große Transformationen und manchmal auch Widerstände ausgelöst. Doch das ist für den Überbegriff Heilung notwendig: Transformation –Loslassen–Erlösung. Widerstand entsteht dann, wenn durch Nicht-Loslassen der Transformationsprozess behindert wird. Loslassen ist eine Entscheidung des Vertrauens. Jesus hat oft gesagt: *„Vertraue auf dein Herz. Ich bin in dir."* In Übersetzungen der Bibel wird das gemeinte Vertrauen grundsätzlich mit „Glauben" übersetzt. Doch das trifft es nicht wirklich, denn Glauben ist viel kleiner als Vertrauen. Für die Erlösung braucht es bedingungsloses Vertrauen. Wer beim Glauben hängen bleibt, riskiert es, kleingläubig zu werden. Wie schon gesagt: Die Lösung liegt grundsätzlich auf der Metaebene. Vertrauen ist eine Ebene höher als Glauben.

Noch mal zum planetaren Grundmuster zurück. Du trägst einen Teil davon in dir. Wie stark du das fühlst, kannst nur du wissen. Jeder Mensch trägt in seinem Christusaspekt einen Teil davon in sich, ob er nun an Jesus glaubt oder nicht. Wer auf ihn vertraut, trägt diese Muster stärker in sich. Es ist wie bei einem Mandala. Die stärkste Energie ist im Zentrum. Stell dir gerne mal einen inneren Kreis vor, um ihn herum einen weiteren, darum einen weiteren, usw. Jeder dieser Kreise trägt alle Information in sich, weil er dem gleichen Muster angehört. Doch die Bündelung der Energie ist in Richtung Zentrum am stärksten. In diesem Zentrum liegt der Kern, der aus drei Teilen besteht: Licht, Liebe, Leben. Erst wenn sich Licht und Liebe verbinden, dann entsteht Leben. Dieses Leben kommt in der 4, der Zahlenschwingung der Christusenergie, zum Ausdruck. Weil 1 (weibliche Energie) + 2 (männliche Energie) die 3 (überpersönliches Leben) ergibt. Der persönlich-lebendige Ausdruck der 3 ist die 4. *„Wenn drei oder mehr in meinem Namen zusammenkommen, bin ich unter euch."* Die tiefere Bedeutung von Bibelzitaten.

Um es auf einen hilfreichen Punkt zu bringen: Wenn du dir dein jetziges Leben ansiehst, dann kannst du auf dein damaliges zur Zeit von Jesus schließen. So vieles was du heute erlebst, hängt unmittelbar damit zusammen. In den vielen Inkarnationen, die dazwischen liegen, hast du in all den 12 Grundmustern, aus denen das große Muster besteht, inkarniert. Genau so, wie du es nach Nyroos im überpersönlichen Energiemuster getan hast, hast du es in den letzten gut 2000 Jahren in der Verschmelzung des überpersönlichen und des persönlichen Energiemusters von Jesus getan. Ich hoffe, das ist jetzt nicht zu verwirrend, es ist nicht so leicht, es in Worten zu beschreiben. Die Essenz daraus ist: Jetzt, in dieser letzten Inkarnation, für den Übergang in die Neue Welt, muss sich dieses Energiemuster, das ja gleichzeitig das planetare Energiemuster ist, komplettieren. Das heißt, es ist wichtig, dass du deinen Platz darin einnimmst. Wo dieser ist, ist deine Aufgabe herauszufinden. Lasse dich von deiner Intuition führen, folge den Spuren der Liebe, wie du es in allen Inkarnationen getan hast, immer wissend: Es gibt diesen Platz, er ist der deine und du wirst ihn finden – in deinem Tempo, in deinem Seelenrhythmus, wie in der allerersten Metapher in diesem Büchlein hier beschrieben. Schau nicht auf andere, auf deren Weg, auf deren Tempo und versuche, dich nicht mit dem Verstand einzuordnen, das funktioniert nicht. Bleib bei dir und lasse dich von deiner Seele führen, sie kennt den Weg, deinen Weg.

$* \sim *$

Jesus Aufgabe war es, die Erlösung zu bringen und den Planeten nach Hause zu holen. Nach seinem Erwachen in der Pyramide von Gizeh machte er sich daran, das Erbe Gottes, das in Atlantis in Sicherheit gebracht worden war, zu aktivieren. Denn diese Gottesenergien brauchte es für den bereits damals geplanten Aufstieg, die Heimholung des Planeten. Er bündelte diese Energien in den 12 Heiligen Gralen und verankerte sie auf verschiedenen Kontinenten. Er reiste mit seiner Merkaba ganz einfach dorthin und übergab verschiedenen Völkern Lehren und Anleitungen für das Geschehen. Erst danach trat er vermehrt öffentlich in Israel in Erscheinung und predigte. Obwohl Jesus wusste, dass die Möglichkeit besteht, dass er sein Werk nicht vollenden kann, war er voller Vertrauen und sah nur das Beste in den Menschen, vor allem seiner engen Vertrauten. Doch als er verraten wurde, gab es für einen kleinen Moment einen Bruch in seinem Vertrauen, und dadurch gab es eine Verschiebung in seiner Merkaba. Wenn ein Mensch öfters zweifelt ist das das eine, doch wenn Gottes Sohn für einen Moment Zweifel fühlt, hat das große Auswirkungen. Obwohl im fast gleichen Moment die Energie des Mitgefühls und der Vergebung flossen, vermochte dies die Auswirkungen, die diese Verschiebung in seinem Lichtfeld hatte, nicht ungeschehen machen. Die ganzen Vorbereitungen, die Heiligen Grale, das planetare Muster und vieles andere mehr, waren nicht mehr im Einklang. All das sind lebende Energien, sie reagieren auf jeden Gedanken und jede Absicht, besonders auf die von Gottes Sohn. Er hatte so voller Zuversicht gehofft, dass diese eine Entscheidung, die letztlich zur Entscheidung der Menschheit wurde, anders gefällt worden wäre. Dass Judas, der ja nicht alleine war, sondern es war ein Teil der Gemeinschaft, seinen Rat, den er gab, befolgen würde: *„Folge deinem Herzen mein Freund."*

Jesus wusste, dass ihm nicht mehr die Zeit blieb, um das ungeschehen zu machen. So wurden die Heiligen Grale versiegelt, um in dieser Zeit, jetzt, wieder entzündet werden zu können. Dies ist bereits geschehen. Obwohl es diese Grale sowohl an bestimmten Orten in energetischer und zugleich physischer Form gibt, trägt doch auch jeder Mensch dieses Erbe Gottes in sich. Und es wartet darauf entzündet zu werden. Der für dich vermutlich wichtigste Heilige Gral in dir ist der Heilige Gral der Liebe. Er schwingt in den Tönen SARAH'GITNA und ist das Liebesband zu Jesus, er beleuchtet dir die Spuren der Liebe. Und wenn er entzündet ist, fühlst du die Liebe zu Jesus ganz tief, mit nichts vergleichbar.

Die Vorbereitungen von Jesus begannen schon viel früher und gingen noch viel weiter, denn letztendlich kannte er alle möglichen Verläufe, die die Geschichte nehmen konnte. So rief er zwei der höchsten Avatare auf Erden zu sich, denen er sich zutiefst verbunden fühlte. Er bat sie um ihr Leben. *„Würdest du für mich sterben, um in meinem Schoße wiedergeboren zu werden?"* Ohne weitere Erklärungen beantworteten beide sein Anliegen mit Ja. Die Avatarin ging einige Jahre vor dem Avatar und dennoch war jeder der beiden beim Sterben des anderen, als auch bei dessen Geburt dabei. Im Universum wurden die beiden Seelen der Avatare in einem magnetischen Aspekt miteinander verschmolzen. Sie sind, könnte man sagen, eine Seele. In einen Teil der Seele wurden vorwiegend die weiblichen Attribute und in den anderen überwiegend die männlichen Attribute von Jesus eingebettet. Und natürlich noch vieles mehr, diese Seelenprägungen lassen sich nicht erklären.

Als Jesus gehen musste, war das die größte Prüfung für die Gemeinschaft. Viele begannen zu zweifeln, es war alles sehr schmerzhaft und verwirrend. Doch Jesus hinterließ etwas, das gewährleistete, dass die Wahrheit sich ihren Weg suchen konnte. Seine beiden Kinder, Sarah und Jakob. Jesus, seine Frau Maria Magdalena und die Nachkommenschaft standen im Zentrum der Gemeinschaft. Eben die 3, auf der alles beruht, die Heilige Familie. Sarah und Jakob waren immer die, die sie sind. Sie haben nie in anderen Frequenzen inkarniert, nie in den 12 Grundmustern der Menschenfamilie. Sie tragen seither die Stellvertreterenergie für das Eine. Somit wurden die Spuren der Liebe bis heute weitergeführt. Es konnte die direkte Abstammungslinie innerhalb des planetaren Feldes bleiben, was wiederrum für vielerlei bedeutsam ist. Vor allem aber für die Wiederkehr von Jesus.

Nach Jesus Sterben war es die höchste Priorität, die Stammhalter, die Stellvertreter, zu schützen. Denn es wurde versucht, ihrer habhaft zu werden und die ganze Gemeinschaft zu zerstreuen. Und sie wurden beschützt, von Auserwählten, die Jesus zuvor noch bestimmt hatte. Viele, vielleicht auch du, haben dazu beigetragen das größte Geheimnis, das es je auf dem Planeten gab, zu hüten und zu beschützen. Jesus wusste ja ab einem bestimmten Moment, was kommen würde und hat alles vorbereitet. Andere aus der Gemeinschaft wurden damit beauftragt, zu predigen und die Schriften für die Nachwelt anzufertigen, andere zogen durch das Land und legten falsche Fährten für die Verfolger, denn alle wurden sie verfolgt. Es wurden Identitäten getauscht, Namen geändert, all das war damals eine Leichtigkeit. Es gab viele verschieden Aufgaben, mit denen die 1728 von Jesus betraut wurden.

Ich weiß, dass es viele Meinungen darüber gibt, wie es nach dem Sterben von Jesus weiterging. Die meisten tragen einen Funken Wahrheit in sich. Das „Problem" dabei ist, dass sich der Suchende fragt, was nun wahr sein soll. War es so oder so? Diese Frage ist eine große Täuschung des menschlichen Verstandes, der nur ungern ein Sowohl-Als-Auch akzeptieren mag. Das „Problem" oben steht darum in Anführungszeichen, weil es eigentlich gar kein Problem ist, sondern hilfreich war, die irdischen Spuren zu verwischen. Woran eigentlich alle Überlegungen scheitern ist, dass die Multidimensionalität nicht beachtet wird, und dass die Denkweise eines kurzen Menschenlebens und der damit verbundene begrenzte Oberflächenverstand nicht das Ganze sehen kann.

Jesus hat die 144 des inneren Kreises und die 12 des innersten Kreises intensiv geschult in ihren Fähigkeiten und in ihrem Wissen. Denn eigentlich sollte ja die Zeit der in Nyroos und Avalon selbst gewählten Begrenzungen und des Vergessens vorbei sein, es sollte ja damals bereits die Heimholung des Planeten stattfinden.

Sie lernten wieder ihre Merkaba zu aktivieren, das ursprüngliche Leben wurde ihnen von Jesus wiedergegeben. Oftmals nahm Jesus sie mit auf seine Reisen über den ganzen Erdball. Am allerehesten wird das in der Metapher vom Über-Das-Wasser-Gehen erzählt. Zuerst funktionierte das nur, indem Jesus sie in seiner Merkaba mitnahm. Doch als Jesus den 144 später noch einmal erschien, den Heiligen Geist über sie ausschüttete, konnten sie diese Fähigkeiten auch selber halten und anwenden. Reisen durch Raum und

Zeit – Verjüngung und Regeneration des Körpers, jede Sprache verstehen und sprechen, volle Erinnerung an alles, was er ihnen in den vielen Jahren erklärt hat. Höhere Sicht auf das planetare Muster, Eingabe und Visionskraft, Verbindung mit den Engeln und vieles mehr. Mit diesen Fähigkeiten ausgestattet taten sie Dinge, die bis heute gar nicht in Erwägung gezogen werden, weil sich kaum jemand vorstellen kann, dass es das überhaupt gibt.

Das multidimensionale Wirken war etwas, das Jesus sie gelehrt hatte. Das bedeutet, dass sie an mehreren Orten gleichzeitig sein konnten. Die Fähigkeiten der Merkaba ermöglichen dies. Diese Kopien des Körpers können auch getötet werden, ohne dass die Inkarnation beendet wird. Wichtig war nur, gut acht auf seinen Originalkörper zu geben, dieser musste in Sicherheit sein. Jesus gab seinen Originalkörper hin. Er fühlte dabei Schmerz, aber noch viel mehr – Liebe, tiefe Liebe.

Man rätselt über Berichte, dass dieser oder jener Jünger in diesem oder jenem Land gesehen wurde, dort gewirkt hat. Dann rechnet man zusammen, wie weit einen Menschen seine Füße wohl maximal tragen könnten, wenn er doch bestimmt zu dem Zeitpunkt um die 80 Jahre, also uralt gewesen sein musste. Am liebsten würde ich hier ein paar lachende Smileys einfügen. Die meisten der unmittelbar beauftragten Gemeinschaft wurden 400, 500 Jahre alt. Sie wurden anscheinend getötet, waren aber nicht tot, weil es nicht der Originalkörper war, auch das war ein Teil des Verwischens der weltlichen Spuren.

Es gäbe so vieles zu erzählen. Der Grund, warum ich keine dickeren Bücher sondern die beiden kleinen Büchlein geschrieben habe ist, dass ich finde, dass Bücher oft dazu neigen, dem Leser die Dinge zu genau erklären zu wollen. Das nimmt den Freiraum für die eigene Geschichte, für deine Geschichte, für deine persönlichen Seelenerinnerungen. Vieles ist nicht erklärbar und muss mit dem Herzen erfahren werden. Und auch immer dann, wenn die Zeit dafür reif ist. Und ich weiß bei weitem auch nicht alles – eigentlich recht wenig, aufs Ganze gesehen.

Ich bin einfach ein Erzähler, ein Zeitzeuge, ein alter Weggefährte und Freund. Meine Aufgabe in diesem Büchlein ist es, dich fühlen zu lassen, ob du zugehörig bist der golden-blauen Frequenz. Denn dieses war ihre Geschichte, zumindest in groben Zügen. Dieses Kapitel zu schreiben hat viel innere Aufmerksamkeit erfordert, immer in tiefer Verbindung mit Jesus. Er sagte: *„Sag so wenig wie möglich mit der höchstmöglichen Energie, damit sich die Seelenschichten der Menschen öffnen und die Erinnerungsmuster zu leuchten beginnen.“* Danke lieber Jesus, du Liebe meines Lebens.

Jesus war vieles, vor allem jedoch ein Weißer Priester, der von Mutter Maria in die Weiße Priesterschaft eingeweiht wurde. Er initiierte damals, zusammen mit Maria Magdalena, alle seine Anhänger, die

Gemeinschaft, in die Weiße Priesterschaft. Damit sich diese Initiation in der heutigen Zeit zu einer Einweihung in die Weiße Priesterschaft vervollkommnen kann. Letztendlich ist die Weiße Priesterschaft eine Bezeichnung für die gesamte Menschenfamilie, die Vereinigung aller 12 inkarnierten Lichtfamilien durch SOL'A'VANA* – Gottes Atem, auf unserem Planeten Sol'A'Vana. Sol'A'Vana, das sind wir alle, unser Planet, wieder angebunden an das Göttliche Magnetgitterfeld, durchströmt und erfüllt von Gottes Atem.

Jede der 12 Lichtfamilien hat ihre eigene Geschichte. Doch jede dieser Geschichten ist mindestens an einem zentralen Punkt mit Jesus verknüpft, dafür wurde gesorgt. Wenn du nicht der golden-blauen Frequenz zugehörig bist, wird dich diese Geschichte nicht besonders tief berührt haben. Dann finde deine Lichtfamilie, deine Zugehörigkeit. Das Erkennen der Zugehörigkeit kommt vor der Vereinigung. Wenn du beim Lesen Widerstände fühlst, kannst du dir sicher sein, dass du zugehörig bist, dann hast du vielleicht noch bestimmte Vorstellungen in dir oder unver-arbeitete, schmerzhafte Seelenerinnerungen, vielleicht beides. Es gibt allen Grund zur Zuversicht, wir leben in einer wundervollen Zeit und die Erlösung ist dir versprochen, schreite im Vertrauen voran – MONO'DOBE in MONA'OHA.

Diese Reise durch die Zeit war, zugegeben, sehr spezifisch und trägt die Energie der Freiheit und der Zugehörigkeit. Das nun Folgende ist universelles Wissen, unabhängig von jeglicher Zugehörigkeit.

Das ursprüngliche Leben

Es gibt viele Möglichkeiten, dieses zu beschreiben. Denn es ist groß, es ist unendlich, es ist wahrhaftig, es ist du. Doch meine persönliche Beschreibung dafür lautet: „Noch bevor du bittest, wirst du erhalten". Dass es auch grade so passen darf, dass dies das 6. Kapitel ist… Denn wenn man es noch einfacher sagen möchte, dann wohl so: Dreh die 6 zurück auf die 9.

Die 9, die Vollkommenheit ist, woher wir kommen, das Ursprüngliche. All die Vorkommnisse, die du nun aus dem ersten und aus diesem Büchlein hier kennst, haben dazu geführt, dass alles auf dem Kopf stand. Dass der Kopf im Vordergrund stand. Und alle Bemühungen, welche nun ganz bald vollzogen sein werden, haben sich damit beschäftigt, die kopfstehende 9 wieder richtig zu stellen. Dafür brauchte es vor allem die 7, die für Transformation steht und die 8, welche für den Ausgleich der Energien steht. Die 8, die die ewiglich zirkulierende Energie darstellt.

In habe es in dieser Darstellung versucht grafisch zu illustrieren:

Du siehst hier vier Achten miteinander verbunden, zumindest sieht es in der Zeichnung in 2-D so aus. Aus energetischer Sicht berührt sich keine dieser vier Schleifen in ihrem eigenen Kreuzungspunkt der Linien. Und somit berühren sich auch die vier Achten nicht in ihrem Kreuzungspunkt. Es ist kein Schnittpunkt, sondern ein schwingender Konvergenzpunkt, wie eine Sonne. Jede dieser Schleifen steht für einen in sich geschlossenen Energiefluss und steht für eine Ebene. Die waagrechte 8 (links – rechts / weiblich – männlich) steht für den ausgeglichenen Energiefluss deines Mental- und Emotionalkörpers und in Folge dessen auch des physischen Körpers. Die senkrechte 8 (oben – unten) steht für den ausgeglichenen Energiefluss zwischen deinem spirituellen Körper und deiner planetaren Anbindung. Wichtig ist zu verstehen, dass die senkrechte Zirkulation nicht wirklich zustande kommen kann, wenn die waagrechte nicht ausgeglichen ist. Wenn die waagrechte und die senkrechte in sich ausgeglichen zirkulieren, stellt dies das Vereinigte Lichtfeld deiner Aura, deines 4-Körpersystems dar. Das ist zwar relativ einfach zu erreichen, doch leider nur schwierig dauerhaft haltbar. Durch die Disbalancen innerhalb der Dualität wird dieses empfindliche Gleichgewicht oft sehr schnell wieder gekippt und es kommt zu Energiestauungen. Das führt zu dem, was oft Blockaden genannt wird. Diese Blockaden entstehen durch mentale Muster von dualistischen Gedanken der Trennung und allen Emotionen und Gefühlen, die daraus resultieren. Ich mag das Wort Blockade nicht so gerne, weil manche

Menschen es gerne so verstehen, als säße da irgendwo eine böse Blockade und schadet ihnen. Sie empfinden sie als von ihnen getrennt, wollen sie dann um jeden Preis loswerden und gehen gerne zu Heilern, die das für sie tun sollen. Das ist schon gut, Unterstützung ist immer gut, doch ist es wichtig zu erkennen, dass diese Blockade nicht einfach so da ist, sondern dass sie das Resultat von etwas ist. Und wenngleich ein zu Rate gezogener Heiler schon in der Lage sein kann, den akuten energetischen Stau etwas zu lösen, kann er nicht ohne deine Hilfe und tiefe Absicht die Ursache einfach wegmachen. Das wäre zu schön, gell? Es braucht also eine gewisse Geisteshaltung der Eigenverantwortung, der Bereitschaft zur Veränderung und des Loslassens und der Erkenntnis mitsamt dem Mitgefühl für sich selbst.

Du erinnerst dich an Kapitel 1? Diese Attribute führen in die Selbstliebe. Diese Selbstliebe verbindet sich mit der Göttlichen Liebe und dir und heilt umfassend. Wenn du in die Stille gehst, in deine inneren Räume der Seele hinein und lauschst, was dich blockiert, dann wirst du Erstaunliches feststellen. Es gibt viele Türen in dir, hinter denen unermessliche Schätze auf dich warten. Vor diesen Türen stehen Wächter. Diese Wächter, die du einst selbst bestellt hast, verhindern oder vermindern den Energiefluss in die Räume hinter den Türen. Diese Wächter sind in der Regel begrenzende Gedankenmuster, Zweifel oder kristalline Strukturen, die du dir in Nyroos und in Avalon selber gesetzt hast, um dich in deiner Göttlichkeit zu begrenzen. Sie dienen dir also, auf die eine oder andere Weise, sie stehen in deinem Dienst! Immer dann, wenn die Energie dort nicht frei fließen kann, entstehen Energiestauungen und diese nimmt deine Seele als Ängste war. Diese Ängste sind dafür da, um dich fühlen zu lassen, dass dort noch Wächter stehen, die darauf warten, dass du sie aus dem Dienst entlässt. Anstatt Blockaden loswerden zu wollen, also dagegen anzukämpfen, wäre es um vieles sinniger, mit Worten der Liebe zu den Wächtern zu sprechen, sie mögen beiseitetreten. Je liebe- und verständnisvoller du das tust, gepaart mit Dankbarkeit für ihr Wächterdasein, umso mehr reagieren sie darauf. Sie reagieren auf Worte der Liebe. Worauf sie gar nicht reagieren ist, wenn du sie verscheuchen willst.

Wenn du dir die Darstellung der Achten noch mal ansiehst, dann ist dort auch eine Energieschleife, die in die Tiefe geht, also die dritte Dimension. Sie steht für: Wie innen so außen. Wenn du das, was in dir ist, was du fühlst, auch nach außen gibst, dann ist es authentisch. Authentizität braucht Selbstliebe. Weil wer sich selber liebt fürchtet nicht, dass er von anderen nicht geliebt werden könnte, wenn er sich so zeigt, wie ihm ist, wie er sich fühlt. Diese Zirkulation kommt erst dann wirklich in Schwung, wenn die waagrechte und die senkrechte Zirkulation der Energien im Fluss ist.

Du siehst, alles baut aufeinander auf. Die vierte Energieschleife in der Grafik habe ich etwas heller gemacht, und sie ist die größte. Eigentlich kann sie gar nicht gezeichnet werden, weil sie nicht von dieser Welt ist. Sie umfasst die 5. Dimension, die Neue Welt, Quin'Taas. Und wieder ist es so, dass dieser fünf-dimensionale Energiefluss erst dann richtig Fahrt aufnehmen kann für dich, wenn die anderen drei Energieschleifen im Fluss sind. Und so geht es weiter, es gibt so viele dieser Zirkulationen wie es Dimensionen gibt und jedes Mal braucht es bestimmte Voraus-setzungen, um in die nächst höhere übertreten zu können.

Im ersten Kapitel bereits haben wir über die Bedeutung der Mystik, das Durchschreiten der Dimensionsgrenzen gesprochen. Wenn du von einer Ebene auf die nächste gehen möchtest, geht das nur, wenn die Ebene, auf der du bist, ausgeglichen ist und in Balance, man könnte auch sagen: geheilt. Erdung, Ausgleich, Balance, also die Energie der 8, bewirkt Anbindung an andere Ebenen. Auch wirkliche Heilung geschieht ja nur, wenn sie sich auf allen Ebenen vollziehen kann, darum ist es wichtig, jede Ebene für sich auszugleichen. Nur wenn deine mentale und emotionale Ebene ausgeglichen, geerdet ist, kannst du deine spirituelle Ebene wirklich erkunden. Diese wiederum hilft dir, deine Ebene der Selbstliebe zu nähren. Du erinnerst dich? Die Lösung liegt auf der höheren, der spirituellen Ebene, warum es nicht wirklich was bringt zu versuchen, über die menschliche Liebe in die Selbstliebe zu kommen.

Da es immer Menschen waren, die uns erzählt haben, wir wären nicht gut, nicht schön, nicht würdig genug um geliebt zu werden, reicht es nicht aus, wenn dir Menschen jetzt das Gegenteil erzählen. Diese Stimme muss aus dir heraus kommen, aus deinem Göttlichen Funken, und das tut sie auch – du brauchst nur zu lauschen. Dennoch möchte auch ich dir sagen: Du bist wunderbar und bitte lasse dir von niemandem etwas anderes erzählen. Wer das tut, der lügt. Sei es dir wert und wende dich von solchen Lügen ab.

Wie all das gelingen kann, auf verschiedene Arten, und ganz leicht auch mit der Eliseenergie, darüber habe ich ausführlich im ersten Büchlein geschrieben, darum gehen wir hier einen Schritt weiter. Es geht jetzt um die dritte Energieschleife, die Selbstliebe, welche die mystischen Tore für dich öffnet. Wenn du dir die Grafik noch mal ansehen magst, dann ist dort in der Mitte eine Kugel. Das Energiefeld innerhalb dieser Sphäre entsteht durch die Überlagerung, die Konvergenz, der ersten drei Energieschleifen. Wenn die Energien in diesem Feld ausreichend stark zirkulieren, ist alles möglich. Es ist deine Antakarana* des Lichtes. Darin fließen vielerlei hochenergetische Energieströme, dein Schöpferlicht, deine Manifestationskraft, die Magie, dein Tempel des Friedens, dein Seelengrund, deine Blüte der Merkaba, dein Vollkommener Ton TORA'AN'TARIA* und vieles mehr. Und diese Antakarana ist das Tor in die höheren Dimensionen. Dieses Tor ist in dir. Wenn du es in dir öffnest, wirst du auch Tore im Außen sehen können, z.B. Lichtsäulen und Eingänge in die Neue

Welt, durch die du einfach hindurch gehst. Während andere Menschen, die dieses innere Tor noch nicht geöffnet haben, das gar nicht sehen werden. So war es damals in Atlantis auch mit den Pyramiden, den Dimensionstoren, die meisten Menschen haben sie gar nicht gesehen. In Atlantis brauchte es keine Selbstliebe, weil es auch das Gegenteil, die Selbsterniedrigung nicht gab. Statt Selbstliebe war es das Selbstverständnis unserer Göttlichkeit, das wir damals noch in uns trugen. Der Mystische Heilgeist ermöglichte es uns, diese Dimensionsgrenzen zu durchqueren. Dieser Mystische Heilgeist ist auch heute eine ganz wichtige Energieform, er kann aber erst Einzug halten, wenn die mentale Ebene ganz frei ist von begrenzenden Gedankenmustern.

Der klitzekleine schwarze Punkt in der Mitte der Grafik, der in Wirklichkeit das Allergrößte ist, ist dein Seelenkern. Dieser ist unantastbar, er enthält die Urinformation über alles was du bist. Es ist die unberührbare Ich-Bin-Gegenwart in dir. Der Göttliche Funke, der nie erlischt. Es ist Gott in dir, jenseits jeglicher Beschreibung, das Unergründliche. Viele Menschen haben Angst vor der Farbe Schwarz, besonders im Spirituellen wird das von vielen mit „dem Dunklen, dem Schatten" gleichgesetzt. Doch dunkel oder grau ist nicht dasselbe wie Schwarz. Schwarz ist die höchste Bündelung des Lichtes, die pure Gottesmacht.

Wichtig ist mir noch zu sagen, dass du dich bitte nicht zu sehr an dieser Grafik von oben festhängst, dass das genauso aussehen muss, es nur ein Versuch, etwas zu verdeutlichen. Wenn man alle multidimensionalen Energieflüsse einzeichnen wollen würde, wären das so viele, dass es wie ein großer Ball aussehen würde. Grade so wie eine leuchtende Sonne mit einer goldenen Korona um sie herum, mit einem inneren Kern und dem innersten Kern, dem Ich-Bin deines Göttlichen Wesens.

Nach all dem, was du jetzt hier gelesen hast, könnte man meinen, dass das alles kaum für uns zu schaffen sein kann, außer die Dualität wäre nicht mehr da. Die Sache ist halt aber die, dass die Dualität ja nur in dem Maße weggehen kann, wie parallel dazu die Neue Welt entsteht. Und irgendwer muss diese ja erbauen, und das sind wir. Also muss es ja Möglichkeiten geben, nach Quin'Taas zu gehen, auch wenn wir nicht dauerhaft im völlig balancierten, ewiglichen Energiefluss uns bewegen. Und tatsächlich ja, denn das, was wir sind, ist um vieles facettenreicher und komplexer als das bisher Beschriebene. Das bisher Erklärte dreht sich um unser Menschsein, das, wie schon gesagt, auch sehr wichtig ist. Das sich als Nur-Mensch-Fühlen umfasst lediglich 4 Aspekte unseres Seins. Doch dein gesamtes Licht umfasst 21 Aspekte, mit 18 Aspekten hast du inkarniert, drei Aspekte blieben im Universum zurück. Diese gesamte Lichtstruktur ist die Merkaba, oft auch Lichtkörper genannt.

Menschseins-Aspekte:
- Körperlicher Aspekt (ehemals, in Lemurien, dein Lichtaspekt)
- Weiblicher Aspekt
- Männlicher Aspekt
- Seelenaspekt (Spiritueller, mentaler, emotionaler Körper)

Höher schwingende Aspekte:
- Ursprungs Aspekt (wird aktiviert z.B. durch die Eliseenergie und deinen Ursprungsnamen)
- Christusaspekt
- Fähigkeitenaspekt
- Gewahrseinsaspekt
- Engelaspekt
- Sewajaaspekt
- Weisheitsaspekt
- Erleuchtungsaspekt
- Hohes-Selbst Aspekt
- Erwachungsaspekt
- Allmachtsaspekt
- Erneuerungsaspekt
- Wirkungsaspekt
- Verbindungsaspekt

Universums-Aspekte: Diese drei blieben im Universum zurück, als Rückanbindung.
- Sewajaaspekt (als Rückverbindung auch im Universum)
- Ursprungsaspekt (als Rückverbindung auch im Universum)
- Licht Aspekt (Lichtabdruck des körperlichen Aspekts)

Bitte versuche dir vorzustellen, dass deine Merkaba ein riesengroßes, in sich lebendig atmendes Energiefeld ist, das sich letztendlich bis in die Tiefe aller Dimensionen, bis hin zur Göttlichen Quelle, entzünden kann. Auch das Göttliche Feld ist eine Merkaba, die atmet. Alles Leben ist auf diesem Prinzip aufgebaut. Die Merkaba ist viel mehr, als nur damit reisen zu können oder sich zu verjüngen und erneuern zu können. Sie enthält auch alle Fähigkeiten, die ein Mensch in sich trägt. Doch es ist nicht so, dass du warten musst, bis deine Merkaba vollständig mit allen 18 Aspekten in sich zirkuliert, um mit deinen Fähigkeiten zu wirken, im Gegenteil, bitte fang an damit. Wenn jemand in einem Handwerksberuf seinen Meistertitel macht, dann wird er wie selbstverständlich mit allem, was er gelernt hat und mit seinen Fähigkeiten sich an die Arbeit machen. Doch bei den spirituellen Fähigkeiten bekommen so viele Menschen Selbstzweifel, die gar nicht nötig sind. Es ist genauso wie beim Handwerker – er beginnt mit all dem was er hat und ist sich bewusst, dass er mit den Jahren immer besser werden wird. Doch im Spirituellen warten viele und warten und warten und machen die Ausbildung und das und jenes und warten immer noch… auf was? Dass sie Jahre des Besser-Werdens überspringen können und gleich perfekt sind? Wenn man nicht mit dem beginnt, was da ist, dann kommt man auch nicht weiter. Der erste Schritt braucht Mut, alles andere ist Übung. Was im täglichen Leben als ganz normal angesehen wird, soll im Spirituellen anders sein?

Es wäre ein eigenes Buch, tiefer auf die Merkaba einzugehen. Dies ist Teil des universellen Wissens der 5. Dimension und vieles davon kann man zwar irgendwie erklären, aber nicht wirklich mit dem Verstand erfassen. Es braucht, um es in seiner Komplexität zu begreifen, den Mystischen Heilgeist. Ich glaube, dass die Informationsmenge in diesem Büchlein eh schon recht hoch ist, und ich möchte nicht, dass du zu sehr in den Verstand rutschst beim Lesen, denn das blockiert alles. Es ist eine Disziplin der höheren Bewusstseinskonzepte, etwas auch einfach mal stehen lassen zu können, wenn es einen an die Grenzen des Fassbaren führt. Fassbar ist das, was du fühlen kannst, was dir eine tiefe Erkenntnis beschert. Erkenntnisse kann man aber leider nicht teilen, man kann nur Wissen teilen. Erkenntnisse kommen in einem Moment der Gnade, die dein Seelenkern aussendet, eben dann, wenn es richtig und gut ist. Meist haben sogar diejenigen tiefere Erkenntnisse, die nicht über viel Wissen verfügen. Es gibt viele verschiedene spirituelle Wege, die auch dazu führen, diese ganze Entwicklung zu machen, einfach auf eine andere Art. Andere Worte, andere Anrufungen, andere Aufgaben im Großen Ganzen. Ich schildere es dir aus der Sicht der golden-blauen Frequenz, und diese trägt sehr viel Neuzeitwissen in sich. Es ist eine Sicht für Pioniere, denn Wissen muss auch erst mal verarbeitet und eingeordnet werden, gelebt werden, was nicht immer so einfach ist.

Deswegen einfache, zusammenfügende Worte zur Merkaba. Um überhaupt lebensfähig zu sein, müssen die oben genannten 4 menschlichen Aspekte aktiv sein. Um in die erste Erwachungsstufe einzutreten, müssen mindestens 9 Aspekte aktiv sein und sich miteinander verbinden lassen. Das vollständig wiedererwachte, ursprüngliche Leben bedeutet, dass 18 Aspekte sowohl aktiv als auch miteinander verbunden sind. Das bedeutet, dass du völlig eins bist mit dem Göttlichen Geist, vollen Zugriff auf alle deine Fähigkeiten hast, sogar mit deinem Originalkörper quer durch Raum und Zeit reisen kannst, also hier verschwinden und woanders wieder auftauchen. Doch meistens wird diese Variante nicht genutzt, weil sie sehr aufwändig ist. Doch ganz vereinfacht gesagt eine Kopie deines Körpers an einen anderen Ort oder mehrere zu senden, dafür reicht auch die Verbindung von 15-16 Aspekten.

Doch wie viele Aspekte müssen verbunden sein, damit du bereits jetzt in andere Dimensionen reisen kannst? Das ist sehr unterschiedlich, eigentlich kann jeder deiner Aspekte, insofern er aktiviert ist, auf Reisen gehen. Das tun deine Aspekte auch, wenn du schläfst, bzw. wenn dein Verstand schläft. Wenn der Verstand schläft, dann beginnt die Party, das wahre Leben. Selbst im Nur-Mensch-Zustand geht dann der Seelenaspekt auf Reisen, das sind die spezielleren Träume, luzide Träume, z.B. Flugträume. Es gibt auch Transformationsträume, in denen einfach das verarbeitet wird, was der Mensch im Wachbewusstsein nicht bereit ist zuzulassen und zu fühlen.

Wenn du bewusst mit deinen Aspekten reisen möchtest, dann erde dich zuvor auf allen Ebenen. Ein Meditationsvideo für diese Erdung findest du auf meinem YouTube Kanal. Vereine dann alle deine 7 Hauptchakren zu einer leuchtenden Sonne. Rufe deine inneren Helfer an, dich zu unterstützen. Dein innerer Goldener Engel und deine persönliche Engelsgruppe, sie sind unter anderem dafür zuständig, deine Aspekte anzuordnen und zu verbinden. Sie stellen dann die ausgewählten Aspekte in deine Göttliche Flamme, dein Schöpferlicht, in der Grafik von vorhin die Kugel in der Mitte. Dann reicht deine klare Absicht, wohin die Reise gehen soll. Sagen wir mal nach Quin'Taas. Du kannst auf diese Art nach Quin'Taas reisen und Abdrücke deiner Energie dort manifestieren. Du kannst auf diese Art, das geht dann wie von selber, durch deine höhere Intelligenz, dort positive Erinnerungsmuster, die in den verschiedenen Aspekten gespeichert sind, einbetten. Wenn du nach Quin'Taas reisen und es bewusst erleben möchtest, dann brauchst du deinen Seelenaspekt dazu. Denn nur er ist für dich fühlbar. Damit du das Spektrum anderer Aspekte fühlen kannst, müssen diese immer mit dem Seelenaspekt verbunden sein, oder mit dem Christusaspekt, der ist wegen dem Liebesband zu Jesus auch recht gut fühlbar. Wenn du also auf Reisen gehst, ist immer dein Schutzengel mit dabei, er begleitet und behütet die Aspekte, die für die Dauer der Reise aus deiner Lichtstruktur ausgegliedert werden und trägt sie nachher wieder zurück. Dein Schutzengel ist übrigens dein allerältester Freund – er wurde zeitgleich mit deinem Licht, nur für dich alleine, erschaffen. Das ist einzigartig und, wie ich finde, sehr bewegend. Dich liebend und dankbar ihm zuzuwenden wird dich erfüllen.

Die Zirkulation der Merkaba ist ein sehr dynamischer und vor allem einzigartiger Prozess, den jeder Mensch auf seine Art durchläuft. Welche Aspekte sich wann verbinden, dafür gibt es keine Maßgabe und weil es zu individuell unterschiedlich ist, macht es auch wenig Sinn, darüber zu schreiben. Die Merkaba bist du – ein ewiglich in sich zirkulierendes, urmagnetisches Feld voller Informationen und Leben, voller Farben, Töne, voller Schönheit, das bist du. Das meint die geistige Welt wenn sie zu uns sagt: *„Du bist vollkommen."* Und es ist tatsächlich nur die äußerste Schicht der mentalen Ebene, der Oberflächenverstand, der uns das oft nicht erkennen lässt. Denn er macht sich zu viele Gedanken und Sorgen. Mach dir bitte keine Gedanken und keine Sorgen, du bekommst das schon hin, immer tiefer, immer näher, immer intensiver in die Mystik in dir einzutauchen. Diese deine Zeit ist jetzt.

Diese Ausführungen sollten dazu dienen, dir zu vermitteln, wie deine Lichtstruktur in etwa funktioniert, und dass alles aufeinander aufbaut. Man stolpert nicht einfach so durch ein mystisches Tor hindurch. Wenn das doch mal für Momente geschieht, dann geschieht es meist in einem Moment der Losgelöstheit, des inneren Friedens, der Freude, der Leichtigkeit. Weil alles aufeinander aufbaut und Energien lebendig sind und viel Achtsamkeit brauchen, um frei zu zirkulieren und sich anzubinden, kommt es dir vielleicht manchmal so vor, als kämest du nicht vorwärts. Doch das scheint nur so. Jeder einzelne Atemzug bringt dich vorwärts, manchmal auf Umwegen, aber dennoch in Richtung Freiheit. Und das ursprüngliche Leben ist Freiheit, Freiheit von allen Begrenzungen. Darum gehe mit all deiner Absicht, deiner Liebe und deiner Kraft deinen spirituellen Weg. Es kann nichts geben, das wichtiger wäre, wenn du wirklich leben möchtest. Es reicht nicht aus, dir darüber Gedanken zu machen, oder Bücher zu lesen. Lass dir deine Spiritualität bitte Spaß machen, denn nichts ist unterstützender um die Aspekte zu verbinden als die Energie der Freude und der Leichtigkeit. Wenn du in Atlantis in den Hallen von Amenti warst, um dich zu erneuern und zu verjüngen, dann haben deine TempeltänzerInnen für dich den Tanz deines Lebens getanzt. Dieser Tanz trägt vor allem die Energie der Leichtigkeit. Er lässt die Erdenschwere schwinden, ordnet die Lichtstruktur an und belebt die Zellen. Einfachheit, Freude und Leichtigkeit sind so unglaublich tragende Energien der spirituellen Entwicklung in der Neuen Zeit. Ich weiß, weil es mir ja nicht anders geht, dass wir alle so viele Seelenerinnerungen von Zeiten in uns tragen, in denen der spirituelle Weg mühsam, ernst, voller Entsagungen war. Diese Zeiten sind vorbei und es braucht auch etwas, bis wir das ganz loslassen können. Doch es wird mit jedem Schritt leichter, darauf kannst du vertrauen. Sei einfach geduldig und liebevoll mit dir selbst.

Der Heilige Gral ELISES

Elise – Elises, was macht das „S" für einen Unterschied? Die Elise Heil- und Lebensenergie und wie sie angewendet wird und wirkt, habe ich im ersten Büchlein „ELISE – Funke des Erwachens" ausführlich beschrieben. Der Heilige Gral des Lebens heißt ELISES. Du findest den Lichtkristall dazu auf der Rückseite dieses Büchleins. Er ist, wie alle heiligen Grale, sowohl in dir angelegt, als Energie im Planetaren Gitternetz als auch als Artefakt existent. Der Sammelpunkt dieser Gralsenergie liegt auf dem Grund des Ozeans östlich von Florida, bekannt als das Bermuda Dreieck. Er ist behütet von vielen Wächtern, vor allem Delfinen und bestimmten Walen und steht in direktem Zusammenspiel mit dem Planeten Sirius. Der Planet Sirius ist ein Universitätshologramm, wo viele Wesen des Universums, auch viele Engel, geschult und ausgebildet werden, um für die einst gefallenen Planeten zu wirken.

Ein sogenannter Planet ist letztendlich eine holografische Welt, egal ob es eine Sonne, ein Mond oder ein Planet ist wie der unsere. Die äußeren Gegebenheiten spielen für Leben keine Rolle, Leben ist immer multidimensional. Nur die Ausdrucksform des Lebens unterscheidet sich. Die Lichtwesen auf Sirius sind sowohl Lichtkörper- als auch DNA-Spezialisten. Sie haben uns einst geholfen, unsere Lichtkörper und unsere DNA zu begrenzen und sie helfen uns nun auch wieder, sie in die Ursprünglichkeit zurück zu führen. Bei den Erneuerungsprozessen in den Hallen von Amenti wurden und werden immer auch die sirianischen Lichtwesen hinzugezogen, und all das geschieht in tiefer Anbindung an den Heiligen Gral ELISES.

Dieser Heilige Gral trägt die Energien der Erneuerung, Selbstliebe, Kraft der Wunder und die Schriften der alten Götter. Diese Schriften beschreiben das Mysterium des ursprünglichen Lebens. Diese Energien sind verwahrt in einer großen Pyramide auf dem Meeresgrund, welche mit der großen Pyramide auf dem Planeten Sirius korrespondiert und natürlich auch mit dem Planetaren Magnetgitterfeld verbunden ist. In der Erneuerungsenergie sind verschiedenste Energieströme gebündelt, unter anderem auch die Elise-Energie. Es befindet sich im Heiligen Gral ELISES die planetare ELISE-Energie, welche eine etwas andere Färbung trägt als die Elise-Energie, die du vielleicht schon kennst, die aus dem Universum, die von den Eliseengeln zu uns gebracht wird.

Die Elise-Energie aus dem Universum trägt universelle Attribute, die dir helfen, die drei in der Grafik gezeigten ersten drei Energieflüsse in einen Ausgleich zu bringen. Bis hin zur tiefen Selbstliebe, die bei der Anwendung der Elise-Energie sehr stark von deinen kosmischen Eltern gefördert wird. Dein Ursprungsaspekt wird dabei aktiviert und du kannst über ihn fühlen, wie sehr du von ihnen geliebt wirst. Die kosmische Elise-Energie erinnert deine Seele an ihre kosmische Herkunft. Mit dieser Heil- und Lebensenergie wirkt ein von Engel Nathaniel eingeweihter Elise-Mila Heiler. Was das „Mila" dabei bedeutet, dazu komme ich weiter unten noch.

Die Elise-Energie, die im Heiligen Gral des Lebens, ELISES, eingebettet ist, trägt hingegen verstärkt das Attribut der Erneuerung und wenn du sie dir oder anderen zuführst, dann aktiviert sich der Erneuerungsaspekt der Merkaba und wird zum Schwingen gebracht. Dieser ist notwendig, um Verjüngung, Regeneration, Zellerneuerung, Lichtnahrung zu ermöglichen, also die Uhr zurück zu stellen. Die planetare Elise-Energie, gespeichert im Heiligen Gral ELISES, erinnert deine Zellen an die Zeiten, als Verjüngung und Erneuerung ganz normal waren. Diesen Effekt hat die kosmischen Elise-Energie eher nicht.

Darum erscheint es gut und gewollt – ist es ja auch – dass Engel Nathaniel, der große Lehrer der Engel und Hüter der Heilungsfrequenzen bei den Elise-Mila Trainerausbildungen seit 2014 den Teilnehmern auch einen Kanal im Seelenaspekt öffnet, der zum Hl. Gral ELISES führt. Zudem noch findet dabei eine Einweihung statt, die einen Kanal im Christusaspekt für das Prosonodolicht, die Erlösungsenergie, öffnet. Dann werden diese 3 Kanäle über die entsprechenden Aspekte miteinander verbunden. Dabei entsteht etwas Neues, eine Verbündelung von drei sich gegenseitig unterstützenden Energien, ich habe das Pro-Elises-Energie genannt.

Prosomodo – Elise – Elises Kanal (Pro-Elises)

Prosomodolichtkanal
Erlösungsenergie
von Jesus Christus
im Christusaspekt

Elisekanal Universum
zum Feld der Eliseengel
im Fähigkeitsaspekt

Elise(s)kanal zu
Hl. Gral Elises
im Seelenaspekt

Ein ausgebildeter Elise-Mila Trainer (Elise-Mila Trainer haben die Erlaubnis, Einweihungen in die Elise-Mila Heiltechnik weiterzugeben) kann also mit jedem dieser drei Energiefrequenzen einzeln oder in beliebiger Kombination Heilsitzungen geben. Die beiden Elise-Energien, die kosmische und die planetare, sind Heil-, Lebens- und Erneuerungsenergien. Sie tragen kaum transformatorische und erlösende Attribute in sich. Das Prosonodolicht hingegen bewirkt tiefe Erlösung in der Seelenenergie, besonders in den 12 Seelenschichten, die unmittelbar mit deinem Inkarnationszyklus seit der Inkarnation mit Jesus bis heute zusammenhängen.

Heilbehandlungen die von Eliseheilern gegeben werden mit „nur" Elise-Mila sind schon sehr sehr effektiv und unterstützend. Doch eine Heilbehandlung von eine/r/m ElisetrainerIn ist in der Strahlkraft noch um einiges stärker, durch die Trainerenergie und wegen der Synergien der drei o.g. Energien auch umfassender.

Mila – das kannst du im ersten Elisebüchlein ausführlich nachlesen, ist die magnetische Komponente von Elise-Mila. Ich fasse es hier nur kurz zusammen: Die dabei während einer Elise-Mila Sitzung neben der Elise-Energie übertragenen magnetischen Na'Naam-Impulse bereiten den körperlichen Aspekt auf die Einbindung in das Schwingungsfeld deiner Merkaba vor, damit du auch mit deinem Körper Reisen durch Zeit und Raum unternehmen kannst. Dabei wird ein neues Meridiansystem im Körper etabliert, das geeignet ist, die neuen, hochmagnetischen

Energien wie das Nyoonische Licht aufzunehmen. Ob man es Meridianbahnen nennt oder Leylines ist nicht so wichtig. Ich nenne es Lebenslinien. Es entsteht im körperlichen Aspekt ein dynamisches Energiefeld dieser Lebenslinien, das mit dem altbekannten Meridiansystem nichts mehr zu tun hat. Die magnetischen Mila Impulse bereiten den Körper darauf vor und helfen ihm bei dieser Umstellung vom dualistisch-elektrischen Prinzip ins magnetische Einheitsprinzip. Immer wenn die Wirklichkeits-energien, die magnetischen Energien, an dein Energiesystem „anklopfen" und dieses, inklusive des Chakrasystems und der Lebenslinien in deinem Köper, noch nicht dafür bereit sind diese aufzunehmen, entstehen Lichtkörpersymptome. Ich nenne das Energieschmerzen, die dadurch entstehen, weil das Energiesystem einen Widerstand gegen die Wirklichkeitsenergien aufbaut, weil sie einfach noch nicht kompatibel sind. Besser gesagt, dein Energiesystem ist noch nicht kompatibel. Die Wirklichkeitsenergien werden sich nicht an dein Energiesystem anpassen, sondern eher anders herum.

Nachbetrachtung

Es war im 3. Kapitel von den Raum-Zeit-Zyklen die Rede. Davon gibt es viele. Doch es gab und gibt drei übergeordnete Zeitzyklen auf unserem Planeten. Die erste Nulllinie der linearen Zeit war der Fall des Liebesengel Yoah'Toh. Dieser Zeitpunkt, am Anfang der Epoche Lemurien, wird oft als der Anfang der Zeit bezeichnet. Du hast damals entschieden auf diesen Planeten zu kommen, um ihn zu retten. Mit dieser Entscheidung hast du die erste Nulllinie überschritten und bist in die 1. Zeit eingetreten. In Nyroos, mit deiner Entscheidung weiterhin hier zu bleiben, hast du die zweite Nulllinie überschritten und die 2. Zeit durchlebt, welche bis 2015 ging. Seit der Entzündung des Lichtkristalls MONA'OHA (Vertrauen) stehen wir auf der 3. Nulllinie, dies ist die Übergangsphase, jetzt. In dieser Phase wird jede Menschenseele gefragt, ob sie bleiben möchte oder ins Universum zurückkehren. Diese Entscheidung kann natürlich bewusst getroffen werden und je bewusster ein Mensch ist, umso mehr wird seine bewusste Entscheidung mit der Entscheidung seines Seelenkerns übereinstimmen. Doch letztendlich entscheidet die Seele. Und darin liegt, wie auch damals in Nyroos, die vollkommene Freiheit und die höchste Heiligkeit. Und jede einzelne dieser Entscheidungen wird geehrt.

Neue Perspektiven

Nichts Unwirkliches kann jemals bestehen bleiben – Bestand wird nur das haben, was auf der bedingungslosen Liebe aufgebaut ist.

Was wird wohl noch alles zusammenbrechen? Welche Beziehungen werden auseinander gehen? Welche Berufe werden hinfällig? Welche Gewohnheiten werden aufhören? Welche Sicherheiten werden wegbrechen?

Was wird Neues entstehen? Wie wird sich die menschliche Liebe in der Neuen Zeit zeigen? Was wird uns Freude machen, was wird all das ausfüllen, was aufgehört hat zu existieren? Welche neuen Berufe wird es geben?

Wenn du dir das mal erlaubst auszumalen, dann kann doch das Gott gewollte Ergebnis von diesem Wandel nur sein, dass jeder Mensch in Frieden, Freiheit, Liebe, Fülle, Geborgenheit seinem wahren Erschaffensgrund nachgeht, mit all seinen lichtvollen Fähigkeiten, die sie/er in sich trägt. Fähigkeiten wie z.B. das Heilen.

Heilen ist ein Überbegriff und bedeutet ausgleichen und vereinen. Und dies kann auf tausend verschiedene Arten geschehen, mit tausend verschiedenen Attributen der Liebe, die wir in uns tragen. Klarheit, Sanftmut, Frohsinn, Mut, Fürsorge, Neutralität, inneres Wissen, Weisheit, Schöpferkraft, Toleranz, Strahlkraft, Herzlichkeit, Worte der Liebe, Mystik, Magie, Geduld, Offenheit, Freundlichkeit,

Lebensfreude, Gnade, Botschafter der Engel. Mehr fällt mir auf Anhieb nicht ein, nur eines noch, für die Überleitung: Kanal für Heilenergien.

Basierend auf Fähigkeiten wie den oben genannten, werden die Menschen nach und nach ihre neuen Berufe wählen, um als erwachte Lichter zu wirken, um sich gegenseitig zu unterstützen und denen dienlich zur Seite zu stehen, die noch nicht ganz so weit sind, weil sie sehr lange am Alten festgehalten haben und davon völlig erschöpft sind und nicht mehr weiter wissen.

Je eher ein Mensch bereit ist loszulassen, umso eher wird er zu seiner wahren Berufung finden, die seiner Einzigartigkeit entspricht und ihn erfüllt.

Meiner Ansicht nach gibt es nur zwei Berufe, die Bestand haben werden: Lichtarbeiter und Friseur - Spaß.... – sicherlich aber die Berufe, die sich der Heilung, Pflege und Förderung von Mensch, Tier, Natur und allem Lebendigen widmen.

Für alles andere wird es andere Lösungen und Herangehensweisen geben als die, die uns jetzt bekannt und vertraut sind. Es wird sogar eine Zeit kommen, wo es keine Handwerker mehr braucht, weil der erwachte Schöpfergeist und die Schöpferkraft alles einfach manifestieren und materialisieren kann. Ich weiß, jetzt noch schwer vorstellbar, und ich kann nicht sagen, wie lange es noch geht bis es soweit ist. Nur eines kann ich sicher sagen: Jeder, der sich auf den Weg macht, einen neuen Beruf zu ergreifen, seine Berufung zu finden, beschleunigt den Prozess maßgeblich. Und auch die Nachfrage nach Unterstützung in der spirituellen und persönlichen Entwicklung nimmt mit jedem Tag zu.

Dieser große Wandel jetzt, der eher einem Umbruch gleicht, beinhaltet viele viele Einzelschicksale, die Mitgefühl und Unterstützung verdienen. Menschen, denen ihre Lebensgrundlage vorübergehend entzogen wird, weil so viele Tätigkeiten und Berufe wegfallen. Doch sich dran klammern und jammern hilft ja nicht, so ist es wichtig, neue Perspektiven aufzuzeigen und damit die Zuversicht in den Menschen zu stärken. Jeder der voraus geht, bereitet den Weg für viele, die nachfolgen können.

Es gibt viele Berufe der Neuen Zeit, Elise-Mila HeilerIn, noch umfassender: Elise-Mila TrainerIn, ist nur einer davon. Ein schöner, ein leichter, ein einfacher und sehr unterstützender Beruf der Neuen Zeit, der imstande ist, die Menschen aufzufangen, zu stabilisieren und ihnen neue Kraft, Freude, Erdung und Energie zu geben.

Das ist eine Perspektive, die wir anbieten können, sehr ideal, wenn man grade dabei ist, für sich einen neuen Weg zu finden, wenn man seine Fähigkeiten kennenlernen möchte, dann ist Elise-Mila ein sehr treuer Begleiter, ist mit allen anderen Heil- und Energiearbeiten kombinierbar.

Und: Man kann damit auch seinen Lebensunterhalt verdienen, die Ausbildung ist denkbar günstig und es gibt keinerlei Lizenzsystem oder ähnliches. Man ist dabei frei. Die Elise-Mila Ausbildung bietet die Möglichkeit, darauf aufbauend den Weg des Meridianarchitekten einzuschlagen. Eine Energie-arbeit, die sich mit der Anbindung des physischen Körpers an die Merkaba beschäftigt.

Wer sollte EliseheilerIn / ElisetrainerIn werden, wer nicht?

- Elise-Mila Heiler kann jeder werden, einfach so, für sich, die Hausapotheke, für seine Haustiere oder um andere in ihrer Heilung und Entwicklung zu begleiten.

- ElisetrainerIn sollte werden, wer sich im Herzen gerufen fühlt, für das Große Ganze zu wirken und die tiefe Erkenntnis bereits fühlen kann, dass es für die Neue Welt nur einen erfüllenden Weg gibt: Den Grund seiner Erschaffung und seine spirituellen Fähigkeiten zur Berufung zu machen.

- EliseheilerIn / ElisetrainerIn sollte bitte nicht werden, wer darin lediglich eine Perspektive zum Geldverdienen sieht. Das darf gerne an zweiter Stelle stehen, doch an erster Stelle sollte ganz klar das innere Bedürfnis, anderen Lebewesen zu dienen, stehen – der Ruf der Seele.

Vielleicht konnte ich dir ja ein paar Anregungen geben. Konkret kann ich nur über die Perspektiven schreiben, die wir anbieten. Es ist mir wichtig, es noch mal zu wiederholen. Nicht nur wir bieten wertvolle Energiearbeit und spirituelle Ausbildungen an, es gibt mittlerweile viele andere Lichtpioniere, die das ebenso tun. Was immer du für dich wählst, hör einfach auf dein Herz und entscheide es nicht mit dem Verstand. Der Verstand entscheidet meistens zu Gunsten der beweisbaren, öffentlich anerkannten und somit aus der Zeit gekommenen Heilmethoden, welche eben oft noch auf veralteten Systemen und veraltetem Wissen basieren – ja, so was mag der Verstand gerne, doch Herzen und Seelen wirst du damit nicht wirklich erreichen können.

Informationen zu den Elise-Mila Ausbildungen findest du auf: ww.celeson.com

Nachwort

Es ist alles gut! Mag das so stimmen? Hat da der liebe Nama'Him den Blick für die Realität verloren? Sind die, die so denken und fühlen, weltfremde Träumer?

Wir erleben gerade, dass unsere Realität, die wir so lange für wirklich gehalten haben, sich auflöst. Was zum Vorschein kommt ist die Wirklichkeit, die hinter all dem steht. Letztendlich die Liebe.

Vielleicht ist es mir ja gelungen, in diesen nicht leichten Zeiten dir etwas Trost zu vermitteln und dir, dem Lebendigen Licht der Liebe, die Zuversicht nahe zu bringen. Doch das geht ja nur, wenn du bereit bist, die Hoffnung aufzugeben. Denn Hoffnung ist passiv, während Zuversicht aktiv ist. Die Hoffnung geht davon aus, dass du machtlos bist und jemand kommen wird, der dich rettet. Die Zuversicht in deinem Herzen macht dich zum Retter. Möchtest du machtlos sein und auf Rettung hoffen oder retten? Ein Retter steht nicht über anderen Menschen und trägt deren Lasten. Ein Retter bringt Zuversicht und Liebe. Die Hoffnung war so lange eine hilfreiche Energie in der Dualität, solange es uns von der planetaren Entwicklung her noch nicht gestattet war, hinter den Horizont zu blicken. Solange, wie uns noch erklärt wurde, dass es einen Gott gibt, der irgendwo und überall ist, nur nicht in uns. Doch die tiefe Erkenntnis, dass wir viel mehr sind als nur Menschen, ändert alles. Das Göttliche ist auch in uns und möchte zum Ausdruck kommen, gelebt werden, in die Tat gehen. Also sind wir in Wahrheit Gott in Tätigkeit auf Sol'A'Vana (Erden).

Wenn du dich nun aufrichtest und die Hoffnung endlich schwindet und die Zuversicht beginnt aufzukeimen, dann ist das so, als würde dir jemand die Hand reichen. Doch getan ist es erst, wenn du diese Hand auch nimmst. Um diese Hand zu ergreifen braucht es Vertrauen, denn bevor man etwas Neues begreifen, ergreifen, kann, muss man etwas loslassen. Weil man sonst die Hände zum Annehmen nicht frei hat. Loslassen braucht Vertrauen. Wahres Vertrauen kann dir niemand geben, es ist in dir eingebettet in der Seele und muss von innen kommen. Vertrauen ist eine Entscheidung des Herzens, jeden Tag aufs Neue. Ein Gebet:

Lieber Gott, wenn du mir sagst, „Alles ist gut", dann soll mir das genügen. Darauf will ich vertrauen.

Zuversicht plus Vertrauen führt dich Schritt für Schritt in die Gewissheit und in die Schöpferkraft. Es gibt nur die Grenzen, die du selber setzt - ALLES ist möglich. Dann endet die Sucht und Suche, immer für alles menschliche Beweise zu brauchen. Ja, es ist ein Weg und ja, er erfordert Mut. Doch den hast du. Du bist das Mutigste, was das Universum zu bieten hat, ich werde nicht müde, dir das immer wieder zu sagen. Für die Zuversicht braucht es den Blick auf das Große Ganze, einen Weitblick und in gewissem Maße auch Humor. Es gibt so viel Neues zu erfahren, so viel Neue Wege zu beschreiten, dass ich wage zu sagen: Vergiss alles was du bisher gelernt hast und glaubst wissen zu müssen über die Welt der Dualität. Lasse alles los, was dir nicht dienlich ist – lass einfach los. Du wirst um so viel mehr dafür erhalten. Das Wissen und das Fühlen der Neuzeit wird dich tragen, mit Leichtigkeit.

Du kannst nicht mit dem gesammelten Gepäck der alten Welt durch das Dimensionstor gehen. Das Einzige was du mitnehmen kannst ist das, was in dir ist, in deinem Licht verankert. Deine Fähigkeiten, deine Liebe, dein wahres Ich. Und du trägst das alles in dir – vertraue und sorge dich nicht. Geh deinen spirituellen Weg, denn es gibt keinen anderen. Trau dich, deine Fähigkeiten zu entdecken und zu leben, und was es auch ist – wenn es dir Freude macht, ist es richtig und gut.

Nichts und niemand hat das Recht, sich ohne deine Erlaubnis in deinen Gedanken aufzuhalten.

Lasse nie jemand anderen deine Träume und Visionen deuten! Es sind alleinig die deinen.

Mit diesen Worten, die mir immer ein guter Wegweiser waren, sage ich dir meinen Herzensdank für deine Liebe und dein Licht, für dein Vertrauen in dein Schöpferlicht.

An'Anasha*, dein André Nama'Him

Über den Autor
André Nama'Him

Nama'Him ist mein Ursprungsname und bedeutet: Kosmischer Bote. Einst habe ich versprochen, in allen Inkarnationen alles zu geben und mitzuhelfen, den Planeten wieder nach Hause zu bringen. Die Vision der Vereinigung der Menschenfamilie durch Verständnis und Toleranz und Mitgefühl steht dabei im Mittelpunkt allen Wirkens, denn nur das kann wirklichen Frieden erschaffen. Das ist mein Lebensinhalt, ob als Verkünder, als Medium, als Heiler oder einfach als Mensch André. Seit 2003 wirke ich zusammen mit meiner Liebsten, Isabelle Adamea, in unserem Celeson Zentrum für Energiearbeit, gebe spirituelle Schulungen und Ausbildungen zu Berufen der Neuen Zeit.

2015 beschlossen wir, unser zuvor betrieblich getrenntes Wirken in einem Verein der Neuen Zeit zu vereinen - El'Achai – Frieden & Freiheit e.V. Seither gehen alle Einkünfte, die unter der altbekannten

Marke Celeson erzielt werden, in vollem Umfang an den Verein für seine gemeinnützigen spirituellen Projekte (heißen bei uns Quint'Essenzen).

Der Sitz des El'Achai – Frieden und Freiheit Vereins ist in Rosenheim und wir leben auch dort. Zusammen haben Isabelle Adamea und ich einen wunderbaren Sohn, der grade 17 Jahre alt wird und die Freude pur ist, zusammen freuen wir uns des Lebens. Eine intakte Familie gibt immer Halt und Zugehörigkeit und gewährt gleichzeitig Freiheit. Wie im Kleinen, so im Großen haben wir eben gedacht, und daraus entstand der El'Achai Verein, denn auch das ist eine gelebte Familie, eine Gemeinschaft der Neuen Zeit für die Neue Welt. Vielleicht magst du ja ein Teil der El'Achai Familie werden, eine Mitschöpferin, ein Mitschöpfer, denn so heißen bei uns die Mitglieder. Wenn du möchtest, dann schau doch mal auf der bunten und kreativen Vereinshomepage vorbei.

Hier findest du mehr von und über uns:

Homepage unserer Energiearbeit:
www.celeson.com

Homepage des El'Achai Vereins:
www.el-achai.com

Offene Mediathek mit vielen Videos zu
energetisch-spirituellen Themen, Meditationen,
Channelings: YouTube Kanal Nama'Him:
www.youtube.com/c/namahim

Große Facebook Gruppe zur Eliseenergie:
www.facebook.com/groups/eliseenergie

Instagram zur Eliseenergie:
www.instagram.com/elise.mila.energie

Das erste Elise Büchlein, immer noch mehr als aktuell:

Erschienen im Lentos-Verlag
2. überarbeitete Auflage 2019
Paperback, 130 Seiten, 14,90 Euro
erhältlich im Celeson Store: store.celeson.com

Glossar

QUIN'TAAS	Energieschwingung der Neuen Welt
Lady Shyenna	Ursprungsname unseres Planetenbewusstseins
Sol'A'Vana	Schwingungsname unseres Planeten, Menschenfamilie, Weiße Priesterschaft
Shambala	Wirkungsstätten der Engel
Merkaba	Deine gesamte vollkommene Lichtstruktur, Lichtkörper, Ursprüngliches Leben
SA'MAA'TAH	Tempel des Christus, höchste Energie auf unserem Planeten
SOL'A'VANA	Gottes Atem der auf unseren Planeten fließt
Antakarana	Brücke des Lichts
TORA'AN'TARIA	Universeller Atem Gottes, Gottes Schöpfungston
An'Anasha	Dankbarkeit in Lichtsprache

Was wir anbieten:

Der Weg des SA'MAA'TAH

HIAM'ANASTRA – Aspekte-Erwachen in 12 Schritten

TORA'AN'TARIA – Wissen der Neuzeit, Mystischer Heilgeist

Einweihungen in die Weiße Priesterschaft

RAFTAN Aktivierung – Decodierung der DNS

Ausbildungen in Berufen der Neuen Zeit

Spirituelle Reisen in alle Welt

Channeling – Ausbildung, Einzelsitzungen

Siehe auch: www.celeson.com

Wichtiger Hinweis:

Dieses Buch stellt keinen medizinischen oder psychologischen Ratgeber dar. Die im Buch veröffentlichten Empfehlungen wurden von Verfasser und Verlag sorgfältig erarbeitet und geprüft. Eine Garantie kann dennoch nicht übernommen werden. Ebenso ist die Haftung des Verfassers bzw. des Verlages und seiner Beauftragten für Personen-, Sach- und Vermögensschäden ausgeschlossen.

Copyright ©
Lentos Verlag und André Nama'Him Meyr

Alle Rechte vorbehalten

www.lentos-verlag.com
www.celeson.com

1. Auflage 2021

Cover: André Nama'Him Meyr

Satz/Layout: Lentos Verlag

Lektorat: Manfred Soran Wirtz

Druckerei: Prime Rate Kft., H-1044 Budapest

ISBN 978-3-946088-19-6